西洋をエンジン・テストする

キリスト教的制度空間とその分裂

ピエール・ルジャンドル
森元庸介 訳

以文社

図版一

図版二

Infelix ego homo: Quis me liberabit de

図版三

Quid Tutius hac Ciuitate?

A tergo necnon hujus folij hæc apparent verba:

図版四

図版五

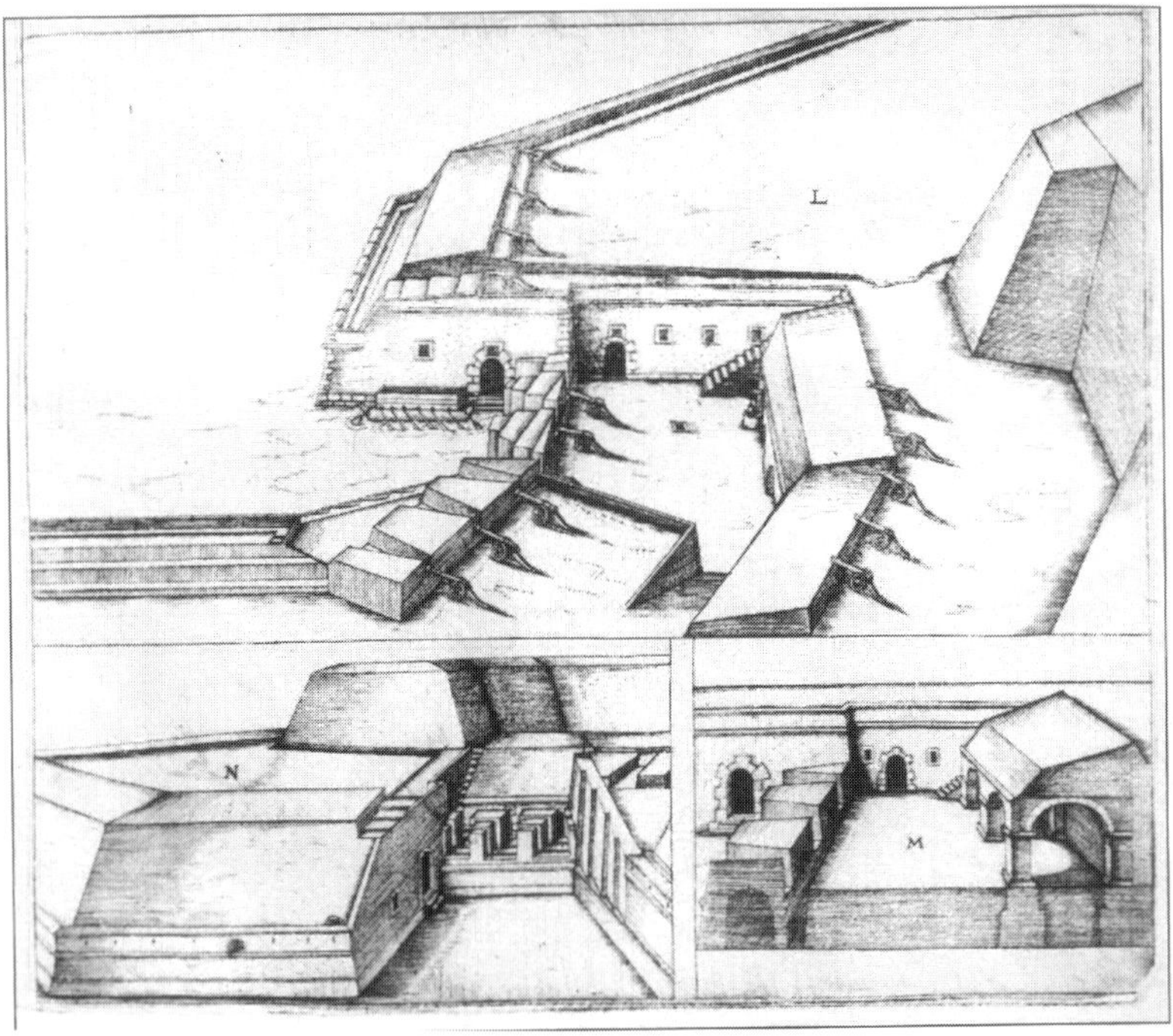

図版六

図版一　ルネ・マグリット《禁じられた複製》，油彩，1937 年．本書 78-80，139 頁で参照．© ADAGP, Paris & SPDA, Tokyo, 2011.

図版二　マックス・エルンスト《視界の内部　第二の目に見える詩》，コラージュ，1929 年．本書 130 頁以下，177 頁で参照．
© ADAGP, Paris & SPDA, Tokyo, 2011.

図版三　ヘルマン・フーゴー『エンブレムによって図解された敬虔なる欲望』〔Hermann Hugo, *Pia desideria emblematis illustrata*〕，アントウェルペン，1624 年，332 頁図版．本書 150 頁で参照．DR.

図版四　頌徳演説『焼き石で焼かれたパン菓子』〔*Subcinericius Panis*〕，プラハ，1685 年，挿絵《新たな不死鳥，聖トマス・アクィナス》．本書 59 頁で参照．DR.

図版五　ダニエル・シュペックリン『要塞の建築について』〔Daniel Specklin, *Architectura von Vestungen*〕，ストラスブール，1599 年（ヒトラー旧蔵本），84-85 葉のあいだの図版（要塞化された住居）．本書 60 頁で参照．© R. Salzedo, pour la photographie.

図版六　同書，26-27 葉のあいだの図版（要塞化のプラン）．本書 60 頁で参照．© R. Salzedo, pour la photographie.

西洋をエンジン・テストする　目次

挿画＝宇佐見圭司《大洪水へ》（二〇一〇年、作家蔵）　装幀＝難波園子

西洋をエンジン・テストする

序

ドグマ学という領野の統一性

ここに収めたテクストは、社会のドグマ的建築を考察するという展望のもと、二〇〇九年におこなった複数の講演にもとづいている。そのつどの慫慂に応じながら、おのずと示された道筋をたどることにしたのだが、出発点は、ヨーロッパ＝アメリカ文化にとっての避けがたい伝統的与件、すなわちその法的な記録《メモリアル》にあり、到達すべきは、西洋の帝権的支配（imperium）にとってキリスト教が神学と政治の両面でもたらしたものをパノラマとして示すことであった。このふたつの極のあいだに置いた媒介的な講演では、話す種である人間が、先史時代からこのかた、そして地理的区分と関わりなく、主体と社会の組織化の多様なありかたにおいて服してきた論理的な要請、すなわち解釈という普遍的な命法について論じた。

人間社会が、言語の働きという呵責なき法のもとで、ということはつまり文明のモンタージュという方途によって生き、自身を再生産するうえで発揮する無窮の創意。それがわたしの仕事の題材であるのはまちがいないのだが、自分が西洋という対象を、ユダヤ＝

ローマ＝キリスト教的なマトリクスと関わりなく発展・維持されてきた諸文化と同じように扱っていることを、わたしは十全に意識している。ヨーロッパの民族学者は幾世代にもわたって、未開社会における規範の構成物を系統的な生体解剖にかけながら、学問上の屈託なさを示してきた。わたしは、それと同じ屈託なさとともに、西洋という人類学的な構成物のハード・コアを研究しようとしたのだ。それまで、近代ヨーロッパで作り出されたモンタージュは、およそのところ民族学の目録から除外され、せいぜい余白において、フォークロア、あるいは非合理性――幾世紀にもわたって、キリスト教による改宗運動、ついで産業的な客観性が闘争の相手としてきた非合理性――の民間における残滓として扱われるばかりであった。ここで切り返しをおこなって、中世の坩堝――わたしたちが〈革命〉と呼んでいるものの最初の実験室――から出発しつつ、それらについて問うてみるというなら、地平を変更すると同時に、新しいやりかたで問いかけへ踏み込まねばならない。

西洋の思考は、盲目的な実証主義のせいでいまにも息を止められようとしているわけだが、そのいまこそ、この思考が歴史的にたどった道行きを踏まえて己を省みる時、そして、〈社会〉という概念そのものを考え直しながら、わたしたち自身の文明の条件を見定めるべく意識を新たにする時である。この「社会（société）」という言葉は、古代ローマからこのかた、ひとつの契約（contrat）のありかたを法的概念としてヨーロッパのうちに運び伝えるものであった。この単語の法外な運命を考えてみよう。それはラテン世界から借用され、一八世紀にあって大いに持て囃され、今日では普遍的な容器として道具化されている。ひとびとを組織化するにあたってての多種多様な伝統も、テクノサイエンス経済が世界にくだす命令のもとで、この容器へ呑み込まれ、消化されて均質化されたあげく、超近代[†1]の成分内容として挽き潰されることになっているわけだ。[*1]

そのほとんど機械的な帰結として、今日の人類が生きる歴史的領野が積層としての性格を持つことが理解されなくなり、統治という概念が純然たるパラメータ管理にまで切り縮

†1　「超近代（ultramodernité）」という時代区分は、ルジャンドル独自の歴史観を反映したもの。本書でも繰り返されるように、ルジャンドルは西洋近代のメルクマールを国家制度の成立に求め、その淵源を中世の教権とローマ的帝権の伝統の結合に認めている。約言すれば、近代（modernité）は中世に始まる（「近代の坩堝としての中世」）。翻って、一般通念としての近代は、西洋がこの継承関係を忘却し、自己を非規範的な制度性として見誤りながら、同じ誤認を世界規模に伝播させる時代として、「超近代」の名のもとに再規定を受けることになる。

＊1　「社会（société）」という言葉を歴史的に再構成してみることが必要である。以下での指摘に参照を促しておく。Pierre Legendre, *La 901ᵉ conclusion. Étude sur le théâtre de la Raison*, Paris, Fayard, 1998, p. 87-90 (« Repenser le concept de société »).

められることになった。そしてまた、規範機能を取り扱うということが、爆発の危険をつねに孕んだ実に脆弱な人類学的マテリアル、つまり〈理性〉へのアクセスをめぐる制度的手順、詮じ詰めるなら「解釈」という重大な操作に触れることなのだという事実に思いが致されることもなくなっている。わたしは、無理解に曝されたこのように本質的な与件を考慮に入れながら、〈社会〉の等価物としての〈テクスト〉という概念を提案した。そうすることで、社会や文化、文明と呼ばれている言説のモンタージュを、ひとつの解釈学的な見通しのもとで考察できるようになるからだ。

こうした光を当てるなら、わたしたち西洋人の西洋に対する眼差しは従来と同じでは決してありえない。わたしたち自身のモンタージュを〈テクスト〉の世界空間のうちに位置づけ、[*2]まずもって人間の共同体の言語的な構成、あるいはヴァレリーの表現を借りるなら「世界とその構造の信託にもとづく生」[*3]を考慮に入れた研究への道筋を開くべきだ。そうして、各々の文明がいかにして世代の差異化をおこなっているのかを把握し、〈理性〉をめぐって賭けを繰り広げねばならないベーシックな主体であるわたしたち自身を理解するという問題が、新たな次元を獲得することになる。この惑星を分け合うさまざまな解釈システム[†2]の水準における三項構造、その構造を構成する諸エレメントの結びつきを考察するという次元だ。建築用語から借りた「構造（structure）」ということ、それはここで、相互に連関しながら人間という種にとっての表象の生（vie de la représentation）[†3]を構成する三つのエレメント、すなわち、信じるうえでの規則、生きるうえでの規律、そして、このふたつの範域のあいだで両者を結合させる権力というものを包含している。[＊4]

こうした研究領野に関して、ふたつの点をよく考えねばならない。

まず、ヨーロッパですでにひさしい以前からはびこっている宗教的・政治的な幻滅。ま

＊2 〈テクスト〉という概念を〈社会〉の等価物として用いてみると、西洋的なカテゴリーによる罹病を免れた比較研究を考えることができるようになる。それによって、あらゆる文化は、言語の働きの論理の前で等価となるからだ。以下を参照。Pierre Legendre, *L'Autre Bible de l'Occident : le Monument romano-canonique. Étude sur l'architecture dogmatique des sociétés*, Paris, Fayard, 2009, p. 219 *sq* (« Une donnée universelle de base : l'interlocution de l'homme et du monde, et son effet scénique »). また、以下を参照。*Id.*, *De la Société comme Texte. Linéaments d'une anthropologie dogmatique*, Paris, Fayard, 2001, p. 23 *sq* (« La vibration subjective des sociétés »).

＊3 ポール・ヴァレリーは価値の危機を考察するに際して、信託の確立というアナロジーを用いている。Paul Valéry, « La politique de l'esprit », *Essais quasi politique* in *Œuvres*, Paris, Gallimard, t. I, 1957, p. 1034.

†2 「解釈システム（système d'interprétation）」は、本書をつうじて「宗教（religion）」に代わるべき概念として用いられる。とくに一五二頁以下を参照。

た、産業による虐殺の発明に起因する大陸の荒廃。それらが浮き彫りにしたのは、人間の構築の舞台裏を明らかにして二〇世紀の諸精神に深い刻印を与えた言説がいかに妥当であるかということだ。芸術の面ではシュルレアリスム、学問の面ではフロイトが構想した精神分析のことである。切断的な意味を持つこれらの出来事は、やがて商業主義の絡繰りにうまうまと搾取され、伝統的なエピステモロジー[†4]に懐柔されてしまったが、これらの出来事の現在におけるありさまがどうであるにせよ、その証言は生き存えている。そして、この証言によるだけでも、人間の組織化の水準としてのドグマ的領界を考察するにあたって、無意識、言い換えれば〈理性〉の狂える坩堝をしかるべく考慮しながら、主体と〈テクスト〉の相互的な帰属という問題系を導き入れようというわたしの提案は正当化されるはずだ。

　さらにまた、世界化またはグローバル化というのは、ヨーロッパ＝アメリカの帝権的な伝統を支えるエンブレムとしての意味を持った言葉であるが、これによって凡般の西洋知識人が抱くオピニオンに相反するプレッシャーが加わっているという事実がある。かれらは相変わらず自負の念を抱いているものの、己の個人主義的なイデオロギーを憎悪する諸文化の反応に狼狽しており、何より、みずからが規範に関して受け継いだ遺産を点検するためのそなえを欠いている。実際のところ、この遺産は、思想警察にも等しい働きを見せる防衛的なエピステモロジーが差配している専門化のせいで、細切れにしか知られぬまま、認められぬままなのだ。だが、いまこそ、表象の生の前にあって諸文明が平等であることを理解し、そこから実りを引き出して、主体と〈テクスト〉——すなわち主体と文明——の相互的な帰属について考えてゆかねばならない。

問題はとどのつまり、周囲の環境との関係における人間、換言するなら、今日にあって

---

†3　必ずしも明確に定義されているわけではないが、およそのところ、主体と社会のそれぞれにおいて働くファンタスムの次元と捉えてよい。とりわけ後者においては、合理的な説明に回収されない神話的秩序として表現される。同時に、この神話的秩序をさまざまな解釈学的言説によって規範制度と接合してゆくことが、〈テクスト〉としての社会の働きにほかならない。ドグマ学、ないしドグマ人類学と呼ばれるルジャンドルの試みは、もっとも広義には、以上の論理的連関を問うものと考えることができる。

＊4　この的確な概念は、セビリアのイシドルス（七世紀）の『語源論』六・二・四九‐五〇に借りた。ラテン語の表現では「Credendi regula, praecepta vivendi」。また、以下を参照。Pierre Legendre, *L'Autre Bible de l'Occident, op. cit.*, とくに p. 215 を参照。

†4　「エピステモロジー」は、しばしば科学史・科学哲学の別称として理解されるが、ルジャンドルは語源（ギリシリャ語「エピステーメー（epistêmê）」）を意識しながら、人文・社会科学を含めた学知一般の布置と階層を定める（ときに暗黙裏の）結構を指すのにこの言葉を用いている。

支配的な社会学的ヴィジョンが描き出す人間というに留まらず、話す動物としての人間の構造化、また、人間の自己自身や自己の同類、そして世界との関係における同一性と他性を背景にして全般化された対話、それを支えるフィクションの構築ということなのだ。人類学的な問いかけのうちに主体の概念を導き入れるならば、言語の働きによる物質性の脱物質化という現象が前景に迫り出し、さらにそれを土台として、西洋近代を含めたあらゆる文明を支える三項構造を適切に考察するのにありうべき唯一のポジションを確保することも可能となる。

以下の講演の導きの糸は右のように理解されたかぎりのドグマ学である。それはさまざまに異なる角度から考察されてよいものであるが、本書に収めた一連の講演がとくに扱うのは、今日にあってグローバル化の予期されなかった面と対峙している西欧的伝統の、文化レヴェルにおける源泉だ。議論はそのつど同じ理論的なポイント、同じ根本的な問いを経由することになり、だからまた重複を余儀なくされたところもあるし、幸いなことに必要なかぎりで収録できた図版を用いたのもそのためである。

A　エンジン・テスト

「註釈家たちは述べている〔…〕、あることがらを理解しながら、それについて誤解することもある、と」
——カフカ『審判』

法というモーターについての知見を出発点に、システムとは総体として何であるのかを考量してゆこうと思う。そうしてまた、ひとつの文明をその歴史的展開のうちで生かしめる役割を担って結合・機能している構造的なエレメントを考察してゆこう。そこに働く論理、バロック期に「ハーモニーあるシステム（systema harmonicum）」[†1]という概念をつうじて言い表されていた要請を摑むこと、それが以下の目的である。

「システム」という言葉をわざわざ用いるのは、その語源、すなわち「集める、関係づ

†1　字義どおりには、一七世紀前半ドイツで活躍した百科全書的な学者ヨハン・ハインリヒ・アルステッド（Johann Heinrich Alsted, 1588-1638）が複数の著作の表題に用いている。

ける、制定する」という意味のギリシャ語動詞「synistèmi」が湛える簡潔さと勁さを念頭に置いてのことなのだが、これはまずもってひとつの提題を明確にするためである。西洋が法（droit）と呼ぶもの（あるいはヨーロッパ諸言語の多様性に即して「Recht」、「law」、「diritto」などと呼ばれるもの）は、正統性をめぐる特定の創設シナリオと関係しており、「ハーモニー」という語がここで示しているのは、ほかならぬこうした関係の分節であって、その分節によって法的なものとその基礎が集約・結合させられるのだ（「ハーモニー」という語もやはりギリシャ語の「harmonia」に由来しており、本来は、骨組みにおける継ぎ目や繋ぎ目を意味している）。つまるところ、文明が存在するにあたっては、それに固有の規律世界がひとつの演出に由来するのでなければ、つまり、ひとつの創設神話——それは形象をともなっていることもあるし、そうでないこともある——の構築と響き合っているのでなければならない。

だとすれば、法をその生ける源泉、つまり当該文化の歴史から、そしてまた、法的機能そのものが人類学の水準にあって服属している構造の領界から切り離すわけにはいかない。こうした見通しのもと、以下の講演の企図を即座に読み取ってもらえるよう、「エンジン・テスト（point fixe）」[†2]という航空工学の術語をメタファーに用いてタイトルとした。ただ、これに触れるに先立って、いくつかの点を明確にしておくことが必要だろう。

西洋の場合、その創設神話は、ユダヤ＝ローマ＝キリスト教的なモンタージュが脱宗教化されてゆく長い歴史から生まれた合理的な神話である。テクノサイエンス経済の支配下にあって、それはもはや、アンシアン・レジーム下の君主国家が——継ぎ目や繋ぎ目、シナリオと法のあいだのハーモニーたる政治的原理として——言い立てていた神的な〈専制君主〉ではなく、数値の支配という新たな至高の〈準拠〉を打ち立てるに至った普遍的な計量化のことなのだ。この新たな至高の〈準拠〉は、創設シナリオを、またその結果として法をめぐる諸営為を横領したのち、あらゆる政治的な形式をみずからの支配下に引き据えるほどの力を持つことになった。超近代の文明システムによる一元化をめざした結構が、昔日のヨーロッパにおける君主にならって自身の銘を作ることがあったなら、それは「計量によるハーモニー」とでもなるのだろう。こうした状況にあって確認するほかないのは、

---

†2　本書の原題にある「point fixe」は字義的には「固定点」を意味するが、ここではそれとひとまず無関係に、航空機の離陸前テスト（日本語では英語を流用してランナップ・テストと呼ばれる）を指している（本書一八頁）。ただし逐語的な意味も無視できない（本書二四頁）。本訳書では語感を優先し、不正確となるのを承知で「エンジン・テスト」の語を充てた。

わたしたちが経験しているのは、手荒であったり進歩的であったりする程度はさまざまであるにせよ、ともあれマネジメントが政治に取って代わりつつある事態だということである。そして、この事態を理解するには、その考古学的な基底を探索し、社会のドグマ的建築の倒錯的な現れとして分析するのでなければならない。

かくして、この小さな本の意図するところはたやすく把握してもらえるだろう。本書は法をめぐる講演から始まる。「法（droit）」と呼ばれるこの分野は二重の意味を持っており、命令を告げる言説であると同時に、大学における議論の対象でもある。だが、法律家が、社会エンジニアリングにおける特定タイプの情報オペレーター――「マリオネット」だとか「自身で機械のまったき一部となること」という理想に煽られた「マシニックな存在」とまでは言おうと思わないが[*1]――なのだとされたなら、あるいは自身をそう考えることになったなら、そうした二重の意味での法は本当の意味で理解可能なもの、つまり行動社会学を超えたところで管掌されるものであることをやめてしまう。とりわけガヴァナンス――企業経営学に由来するこの概念は、諸々の国際機関による民主的な考察によってコーティングされているわけだが――をめぐって、ひとは科学に依拠する浮ついた語りに飛びつき、それによってまた自身を安心させようとしているけれども、この語りの確たる支えとなっているのは、それと名乗ることなきプロパガンダ網がばらまくテクノロジーへの信仰である。こんなふうに、ありとあらゆる補完装具《プロテーゼ》によって主体を掌握すること、それはマスの水準における宗教的改宗と同等の射程を持っており、わたしたちが法と呼ぶ超越論的な地平――歴史的・地理的にそれがいかなるヴァージョンとして現れるかはさまざまであるが――に対する人間の関係の表象に深いところで影響を与えている。

以上の指摘からひとつの結論的な指摘が導かれる。問いのなかの問い、すなわち話す動物にとって規範とは何であるのかという問いは思考の領野から消え去らねばならぬかのようであり、同時に、人間の規範性は認知主義的なコンディショニングによって客観的プロセスへ切り詰められ、それが反省的な意識を屈服させているということである。法があるとしても、それはもはや計量と実験に基礎づけられたものとしてしかない、というわけなのだろう。こうした文脈において実のところ賦活されているのは、一九世紀の「生物主義哲学者」たちが鼓吹していた「科学主義」[*2]なのだが、それを踏まえて次の点を力説するこ

---

*1　これらの表現はジャン・ジオノによるものである。技術についてのかれの分析は、ハイデガーやユンガーに劣らず深遠なものだ。以下を参照。Jean Giono, *Triomphe de la vie* in *Récits et essais*, Paris, Gallimard, 1989, p. 674.

とがやはり大切である。つまり、わたしがここで扱ってゆく法は、文化における〈理性〉原理の実効化の様態としてあるのであって、結果的に、モンタージュは、自身が〈没理性〉を波及させるかもしれないというリスク——これは、二〇世紀の暴君国家が示した精神疾患的な倒錯と発現をつうじて大々的に確認された出来事である——に曝されてあるということ自体を含めて、それを考えてゆくということだ。

さて、「エンジン・テスト（point fixe）」という言葉に移ろう。これは離陸前、まだ停止状態にある飛行機のエンジンを最大出力で作動させておこなう点検作業のことである。この言葉を呼び出しておくことは時宜にかなっている。飛行機の運用に必要なプロセスを参照することで、機械工学の法則に即して産業製品を操作するための命令と、制定にまつわる営みのあいだの根本的な違いがはっきり見えるようになるからだ。制定とは、古代ラテン世界の修辞家に表現を借りて言えば、公私双方にまつわる諸々の案件を裁量するための言葉の技倆《わざ》のことである。[*3] なるほど、飛行機の操縦と統治、そのいずれについてもシステムという概念をあてはめ、各々が機能を担った諸要素を相互関係のうちで統合するという営みを示すことはできる。だが、作業効率ということへ差し向けられた意味論上の慣用に惑わされぬようにしよう。人間の営みのあらゆる領分を技術という同じ袋に詰め込もうと奔走しながら、世界規模に拡大された実効性（efficiency）の語法が撒き散らしているもの、それは実証性――世界の実在性への関係を想像的かつアナクロニックに考えるのであれば、なるほどそんなものが獲得されたりするのかもしれないが――などではない。それが撒き散らしているのは新しい形式における宗教的幻想なのであり、そのようにして諸々の範域が混同された結果、あらゆる水準での因果性の表象を、ハイパー産業性の支配のもとで思考するなどということが改めて可能になっているのだ。

確認しておこう。人間という種の歴史的展開から言葉の主体が消去されることなどありえないのであって、実体化された技術といえども、ひとつの言説モンタージュを鋳直しているにすぎない。そのモンタージュとは、かの自然と文化の対峙のことであり、中世とい

＊2　「科学主義（scientisme）」という言葉は、二〇世紀の初頭にソルボンヌの一般生物学講座を担っていたフェリックス・ルダンテクが考案したものである。フランス流の生物哲学の源がここにあるわけだ。わたしの指導のもと、高等研究実習院宗教学部門で審査された以下の博士論文を参照。François Bouyssi, *Alfred Giard (1846-1908) et ses élèves : un cénacle de «philosophes biologistes». Aux origines du scientisme ?*, Lille, ANRT, 1999.

＊3　ここでは弁護士にして弁論術教師でもあったクインティリアヌス（一世紀）に依拠している。『弁論家の教育』一・一・九。ローマにおける弁論家の地位が定義された箇所であるが、これは、職務において発言する資格を有する市民（行政官、弁護士、裁判官）のことである。

う坩堝にあって、神による創造（すなわち「自然、すなわち神（Natura, id est Deus）」）とキリスト教の外部にある思考（すなわち「文化（cultura）」）の対立として現れたものである。[†3] 啓蒙という理想、そしてまたヨーロッパの拡大と切り離せない民族学の営為の影響下に、この文化なるものは、西洋という〈テクスト〉を出自とする者にとっては、徐々に普遍化することのできるカテゴリー、ということはまた、未開の思考から手を切った客観主義者たる西洋という盾のもとで諸文明を同化吸収してゆく概念となった。結果、言葉の意味の宗教的次元において一個の配置転換が生じ、技術は新しい自然の謂となったのである。[*4] 科学と経済によって正統化され、また統御された技術は、「世界の領有（Dominium Mundi）」[*5]——文字どおりに言い換えれば惑星の所有——という、ローマ＝キリスト教に由来し、やがて世俗化された巨大な企図を継続している。こうした変遷のプロセスを見極めるべく、ヨーロッパ＝アメリカの近代を構造的に縛りつけている産業宗教が、キリスト教固有の「分裂《スキーズ》（schize）」——この概念こそが以下の三つの講演を貫くものなのだが——を支えとしながら運び伝えている神話的忠誠、その隠れ処となった言説の場を考察してゆくこと。そうするための批判意識がわたしたちには欠けている。翻って、表象の生という面では、ニューロサイエンスに接合された認知主義的なドクサによって、ある特定の「信じるうえでの規則」（この表現は伝統に借りたものである）[†4]をめぐるスペクタクルがさまざまな演出とともに供され、アニミズムにも似たありさまで自然と癒合させられながら、心的装置を説明するのだと言い立てている。政治的な実効性を獲得するために、主体を己の恣意でいかようにも処分できるものとしなければ安心できない闘争的な神学の等価物がそこにあるわけだ。

こうしたテクノロジーへの信仰を伝播させるについて種々の法的決疑論[†5]が密接に協力し、具体的な帰結をもたらしているという事実に驚くべきものはない。法はひとつのドグマ的

---

†3　「自然、すなわち神（Natura, id est Deus）」は、一二世紀から法学の領域で流通した格言。法的擬制の概念とも関わって、複数の解釈が示されているが、ここではあえて字義に即し、汎神論的思考の痕跡として捉えられている。本書一三五頁も参照。

＊4　「新しい自然」という表現が意味しているのは、（技術、科学、経済の分野にわたる）産業的なスーパー・パワーから結果して、超近代的な対象としての世界を作り出しているもののことである。以下を参照。Pierre Legendre, *L'Autre Bible de l'Occident*, *op. cit.*, p. 407-408 (« Reprendre la notion d'espèce humaine dans le contexte de la nouvelle Nature »).

＊5　これは、わたしがテクストとシナリオを担当した以下のドキュメンタリー・フィルムの主題となった。*Dominium Mundi. L'Empire du Management*, ARTE-Idéale Audience, 2007.

†4　セビリアのイシドルスに由来する。本書九頁をはじめ、各所を参照。

な総体《アンサンブル》の根幹を成しており、文明構造の中心で、政治が担う創設シナリオに依拠して練り上げられる諸々のスタンダードにしたがって、世界に対する合法主義的な支配を引き受けているのだから。決して忘れてならないのは、今日のわたしたちの世界が、限界の廃滅というものへの全体主義的な信仰、またそれに付随しながら二〇世紀を荒廃させた諸々の規範営為による〈理性〉の顚覆の長期的な帰結に対峙しているということだ。だが、こうした顚覆といえども構造的な論理に影響を与えるわけではない。だからこそ、法はわたしたちのこの文明の考察へ踏み込むのにふさわしい扉となるのだ。法こそは累積した経験が確かに効果を及ぼすものであることを眼に見える形で証し立てるとともに、システムを総体として理解するための方途を開いてくれるものであるのだから。

現下で幅を利かせるテクノクラシーという幻想のワニスを削ってみると、言葉の歴史的な厚みが、わたしたちは何者であるのかを明らかにしてくれる。わたしたちは、エポケーとエポケーのあいだに一貫性を持たせるという要請に取り組みながら運動してゆく伝統の子孫なのである。「エポケー」とは、ここで語源となるギリシャ語「epochè」に即して、停止点、判断の宙づり、疑念状態といったことをいわんとしている。つまり、わたしたちは註釈者である。ただしキリスト教的というよりはむしろユダヤ教的な意味で。[*6] そのためにはまた、エピグラフに掲げたカフカの言葉について熟考し、わたしたちが超近代の実証主義に即して規範を理解し、かつまたそれを誤解しているということを考えてみなければならない。換言するなら、思考が閉じ込められているという現状を意識しなければならないのだ。

こうした展望のもとにあって、言語の働き――それは人間が自身の条件の真理に錨を下

---

†5　狭義の「決疑論（casuistique）」は、後期中世から近世にかけての西洋キリスト教世界で、規範の教説と具体的な現実の調停を目的に成立した知的言説を指す。およそのところ道徳神学に一致するものと考えてよい（簡便な概説として以下を参照。Jean-Louis Quantin, *Le Rigorisme chrétien*, Paris, Cerf, 2000）。ただし、思考形式としては古典古代に淵源を持つと同時に、近代に至る英米法学の判例主義、さらには応用倫理学のケース・スタディにも深く流入している（代表的な研究として以下を参照。Albert R. Jonsen and Stephen Toulmin, *The Abuse of Casuistry : A History of Moral Reasoning*, Los Angeles and London, University of California Press, 1988）。本書では、法律家の現実的な営為の全体を徴づける広い意味で用いられている。

＊6　大聖堂でKと聖職者が「法の入口」をめぐって交わす会話を参照。聖職者の論法はタルムード学者のようであって、また註釈家のことが言及されている。Franz Kafka, *Le Procès* in *Œuvres complètes*, Paris, Gallimard, t. I (1976), p. 456〔カフカ『審判』の問題の場面で、聖職者は「法の入口」の物語がすでに「書かれた」テクストとしてあることを強調し、同時に、このテクストに積み重ねられたさまざまな註釈について、一定の距離を置きつつKに説明する〕。

ろすというまさしくそのことであるのだが――に形而上的な地平が回復されることになる。その地平とは、「手応えと手触りを与えるもの」[*7]である物質の彼岸で、言葉によって世界を構造化し、意味の支配に服せしめるための拠りどころとなる表象の生のことである。そのようにして、メタファーは言説のうちに位置を占め、そこにアナロジーを運び込む。「エンジン・テスト」という言葉はもはや飛行機の操縦云々に限られたものではなく、エピステモロジーをめぐって考察を深めるための道筋を開き、今日にあって「知」と呼び慣わされているものを改めて考え直すのに必要な判断の宙づりを意味することになる。それだから、「法というエンジン」といった物言いによって、「疑い」という恩恵――それは忌むべき状態だと思われているけれども――を与えてくれる停止点の大切さを読者に理解してもらうことも可能になるわけだ。今日では破綻したイデオロギーの工廠（社会科学、人文科学、そして経営学）で修繕を重ねたあまりに摩耗したさまざまな「エンジン」の性能を疑ってみよう。そうしたエンジンには、いま姿を現しつつある時代の空模様を縫ってゆくだけのエネルギーとともに思考を牽引することなどできないはずなのだから。

＊7　プラトンの対話篇『ソピステス』二四六ａ‐ｂにおける「客人」の発言である。これについては以下で考察を加えた。Pierre Legendre, *L'Autre Bible de l'Occident, op. cit.*, p. 64 (« La facture langagière de l'institutionnel : un détour par le *Sophiste* »).

B　新たなオルガノンを求めて　人類学的な問いかけの進展と西洋

『学問の尊厳と進歩について』
——フランシス・ベーコンの著作の表題

「意識、つまり自己についての学、そして本来の意味での学は協働しなければならない」
——ジャン・ジオノ『自由なる偉大』

「エンジン・テスト」というメタファーを引き続き論じながら、ここでは、システム、あるいはわたしたちが文明と呼んでいるアサンブラージュのありかたをどのような道筋で考察すべきであるのかを摑むことにしよう。

冒頭に掲げた大法官フランシス・ベーコンの名高い著作は、一六〇五年にまず英語で（その際のタイトルは『学問の進展（The Advancement of Learning）』であった）、ついで二三年にラテン語で出版されたものであるが、エピステモロジーなるものが問題となっている今日にあって、その表題の含むところをとくと考えてもらいたいと思う。ベーコンは『ノヴム・オルガヌム』（一六二〇年）で、調節作業（concinnatio）、つまり文字どおりには、単に「すでに知られたことがら」を組み合わせ、貼り合わせ、嵌め合わせることに終始する態度を批判したのだけれども、そうしたものに留まって「発見を押し広げ、新たな仕事を描き出す」[1]ことを妨げるというのであれば、知についての知〔エピステモロジー〕の羅針盤を支え持つことなど、どうしたら期待できようか。わたしがここで読者を請じ入れている判断の宙づりのうちで、テクノサイエンス経済という体制下に学際性（interdiscipline）と呼びならわされている通念的な調節作業から抜け出すべく考察を為そうとするいま、その方向はどんなものでありえるだろう。この造語に含まれる「際（inter-）」という表現によってどんな想像的審級が想定されているのか、誰ひとり知る者がいない。まさにそれが学際性なるものの弱点なのだ。話す生き物という剝き出しの問い、言語的であるということによって種として徴づけられる存在について、「アドヴァンスメント（avancement）」――そ

＊1 『ノヴム・オルガヌム』一・八。「わたしたちがいま手にしている学問は、すでに発見された事物の調節作業でしかないのであって、発見を押し広げ、新たな仕事を描き出すようなものではないのだ（Scientiae enim, quas nunc habemus, nihil aliud sunt quam quaedam concinnationes rerum antea inventarum ; non modi inveniendi aut designationes novorum operum）」（一六五〇年版に拠る）。

れは意味のうえで「進歩（progrès）」イデオロギーの変わり身となったわけだが——という語はこの二一世紀に何を意味するのか。言い換えるなら、人間に認めるべきステイタスについて、この時代にとっての「調節作業」を飽かず繰り返している経営管理学のドクサから離れ、人間という動物についての知を構想することはいまなお可能なのだろうか。

エピステーメーとは知の技倆《わざ》なのであって、学問の産業的なプログラミングのことではない。このエピステーメーが今日、自身の権利、自身に固有の構造的要請、すなわち個人を育み、文明を形作るうえでの基盤材となる「存在することの苦痛」を翻案し、克服するという働きを担うというなら、論理をめぐるもろもろの課題にとっての人類学的な源泉、すなわち主体は分割されてあるのだということをしかと見据えなければならない。それには、主体と社会というそれぞれの範域とレヴェルを弁別し、また思考の水準において、〈理性〉の審級と判断をめぐる諸カテゴリーの形成とを弁別することが必要となる。こうした根本的な指摘によって、エピグラフに引いたベーコンの著作の表題（『学問の尊厳と進歩について』）につづけて、ジオノの非小説作品から一文を引いたこと[†1]にも裏づけが与えられる。人類学に主体の概念を再導入する必要を、それによって強調しようと考えたのだ。ここで主体とは、レヴィ＝ストロースが「哲学の舞台をあまりに長々しく占拠してきた耐えがたい甘えん坊」と呼んで、きわめて巧みにお払い箱にした——ただしその身代わりを置かなかったわけではないけれども[*2]——あの主体ではなく、フロイトが原初的な仮説、いわばマトリクス・モデルとして言及した言葉の主体である。それによって、構造というものを、同じひとつの論理が主体と社会のレヴェル、異なってはいるが結び合わされているふたつのレヴェルで発現したものとして論じることが可能になる。自然と文化といういかにも西洋風の二項対立を持ち出してみるなら、こうしたわたしの立場は、自然の発現から人間を追い立てるものだといったことが言われたりするけれど、わたしにはそれがどうしてなのかわからない。「自然（nature）」とはここで、語源となるラテン語、すなわち「生まれる」を意味する「natus」に即しているのであり、「発現」とは、生まれ、それゆえにまた消滅を運命づけられたすべてのものの現れの謂であるのだから。

---

†1　Jean Giono, « Les Grandeurs libres » [1938] repris dans *Le Poids du ciel* in *Récits et essais*, Paris, Gallimard, 1989, p. 480.

*2　Claude Lévi-Strauss, *Mythologiques IV. L'Homme nu*, Paris, Plon, 1971, p. 614-615. 著者がみずから構想する構造人類学の対象と方法を説明し、批判に応えて自身の提題を説明している箇所である。主体の問題は透かし模様として埋め込まれ、神話の構成の検討を可能にする暗黙の仮説の位置を占めているが、ただし社会学的な客観化というモードにおいてのみのことである。

アリストテレスをただ復唱する者たちや頽廃期のスコラ学の駄弁を駁することで、ベーコンは思考の閉じ込めと闘っていた。それから三世紀以上を経たいま、帰納的推論と実験精神についてその威力を証明することはもはや必要とされていないし、「知は力なり（nam et ipsa scientia potestas est）」という考えも常套的なものとなったが、翻って、産業イデオロギーによる限界の廃滅は文明を荒廃させ、意識の命運、また結果として知識の命運を拘束している。ドグマ的な論理という新しい道を切り開くわたしの試みが寄与する大義があるとすれば、それは人類学という大義である。今日において人類学とは、人間という現象へより懇切にアプローチする方法を求め、わたしたちの研究の伝統にとってはひどく理解しがたいものになった種の組織化（つまりは主体と社会のドグマ的建築）の水準を、知の対象のうちに位置づけようとする精神の歩みのことだ。

そうすると、ベーコンが述べた「新たな務め」とは、先行する歩みに学び、同時にそこで欠けているものを見定める「学徒の位置」――古代ローマの「学びの位置（positio studii）」[†2]という表現から発想してそう言うのだけれども――を探るものだということになる。つまり、自明として受け継がれてきたものを疑い、ドクサが全能であることをやめて引き下がる地点で改めて身を乗り出そうとすることだ。どんな領域であっても、問いかけが進むのは周期的な震動があり、誰かが境界を渡るからなのであって——西洋というのはこんなことまで理論化せずにはいられないのだけれども！——[*3]、もとより扱いのむずかしい案件である人類学には必然として専門の税関吏がいて、また前線を受け持つ兵士が再生産されてもいる。この点に少しく留まってみよう。

　人間の組織化の水準としてのドグマ性を考察するという企ては、いわば西洋人のアキレス腱に触れることだ。西洋人はいろいろな文明を学問的に細断することを専門の生業としてきたが、ヨーロッパ文化の「原子核」となる歴史的な制度性の素材を、そこに含まれた謎、しかしまた潜在的な暴力、その抑制された攻撃性と併せて検証してみる作業を、己に対して免除している。いまこそ、変わることなく作動しているこうした核に立ち戻り、まさにわたしたちのこの文化を、「異教的」であったり「エキゾチック」であったり、つま

---

†2　公法と私法の区別を述べた『学説彙纂』一・一・二の文言、「法の研究には公法と私法というふたつの分野がある（[J]uris] studii duae sunt positiones, publicum et privatum）」を字義的に解したうえで、自由に発想している。

＊3　古典となった以下の著作を参照。Thomas Samuel Kuhn, *La Tension essentielle. Tradition et changement dans les sciences*, deuxième partie (« Études métahistoriques »), Paris, Gallimard, 1990, p. 231 *sq.*

りわたしたちの系譜領野の外部にある社会に対する際と同じように、手加減することなく解剖すべきだ。決して忘れてならないのは、これら社会が、まずキリスト教への改宗を名目として分析されたということであり(古代世界やアジアの神話をキリスト教と対立させた一七世紀のイエズス会士アタナシウス・キルヒャー[†3]が導き入れた比較論的な思考を参照されたい)、これがのちに起こった世俗的な民族学へ引き継がれ、今日ではさらに、その成形台を社会人類学が提供している。

こうした継起的な事態の進展についてよく考えてみなければならない。日付上その最新のものは、意味深長にもメディアを席捲したレヴィ＝ストロースの仕事であるわけだが、これは総括であると同時に停止点でもあり、人文主義によって一六世紀に開かれたヨーロッパ中心的な大いなる目録作成の時代を締め括るものなのであった。それが証し立てているのは、現今の西洋の世界観を支えている連鎖、すなわち啓蒙(一八世紀における知識拡大、開明運動)、ロマン主義(未開人の再評価)、社会をめぐる言説の体系的学問化(コント、マルクス、モース……)といったものだ。こうした勲功《いさおし》の果てにあって、ヨーロッパ＝アメリカの思考は退潮期にさしかかっているように思われる。惑星規模での事態の展開の結果、民族学と人類学の企ての(内容の如何に収まらない)正統性の源や根拠に疑念が突きつけられるに至った現状に直面して、この思考は「すでに知られたもの」を資本として搾取している。このような知に今後、あたかも西洋こそは普遍的な教導者としての務めを担っているというかのごとく、世界という舞台を進みゆくことが、いかなる名分において可能であるだろうか。

扱いにくい問題がここにあるわけだ。自己の誤認ということである。この指摘は社会の水準に移すことができる。ドグマ的建築を明るみに出すことで露わになるのは、あらゆる文明——ここではあくまで世俗化されたユダヤ＝ローマ＝キリスト教を問題にしているわけだが——にとって、こうした自己の誤認は、幻想の終わりという脅威に抗しながら、（主体の抱えるさまざまな信憑とアナロジカルな）固有の創設表象を保持するための防衛機制になっている。神話を客観化し、信憑を暴露し、それが社会規則として翻案されるさまを分析すること。そうした営為は、他者に向けてならば細々《こまごま》しい気遣い抜きにおこなえる。反対に、あたかも異なる文化に眼差しを向けるように、つまり遠慮を抜きにわたした

---

†3　Athanasius Kircher (1601-1680). ドイツ出身のイエズス会士。人文科学と自然科学にまたがる広汎な領域で多くの業績を挙げた異能の学者。ヒエログリフの解読に取り組んだことなどで知られるほか、比較宗教学の先駆者というべき位置を占め、さらには作曲も手がけてもいる。

ち自身の舞台裏を目指して研究を深め、すっかり確立された概念や分類を洗い直す段になると、問題は全く別ということになってしまう。

こうした指摘を踏まえると、第二講演の理路もわかりやすいものとなるだろう。そこで援用される概念は馴染み深いものであるが、ただし再考を施したうえでのことである。ヨーロッパの伝統を考量する理論的立場に依拠しながらわたしが構想している人類学（anthropologie）は、古代ギリシャ哲学の記憶を携えている。種としての人間（anthropos）はそこでロゴス（logos）の概念に関連づけられていたのであり、そのようにして、言葉と合理性が結び合わされていた。また、構造（structure）という語を「構築」という意味で用い、建築的なメタファーに身を寄せるのであるけれど、そのうえで古代に由来する「システム」という概念にも助けを求めている。この言葉は、〈社会〉を〈テクスト〉、すなわち言説のアサンブラージュとして把握するうえで大変に啓発的なのだが、ルターの同伴者であったメランヒトンによって一六世紀に改めて普及し[†4]、ついで神学、さらに自然諸科学やその他の領域へ波及したのだった。しかしそもそもは、信憑――この場合はキリスト教のそれであるけれども――の領域における一貫した秩序という観念を伝えていたのであり、そうした二重性ゆえにわたしたちにとって重要なのである。

この第二講演では、『講義』シリーズで考察してきたさまざまの概念を背景として、いくつかの重要な論点についてレジュメ式に注意を喚起しようと努めた。社会行動なるものを数値化することに留まるような道程から遠く離れて、この講演のタイトルは問いかけの方向性を示しており、それがすなわち「解釈という命法（impératif d'interpréter）」である。長い考えの末にこうした題目を選んだまずもっての目的は、西洋をめぐる具体的状況を超えた高みに立つ近道をたどって、方法上の問題を改めて開こうと思ったからである。ドグマ人類学というこの新しい領野にふさわしい道具を練り上げようとしたのだ。

だからこそ、「道具」を意味する「オルガノン」——この名高い言葉は、論理学に関するアリストテレスの著作を包括的に指すものだが[†5]——というギリシャの概念を呼び起こ

---

†4　メランヒトンは自由学科を指して「システム（systema）」の語を用いた。着想源は、ルキアノス『寄食者について』第四節に遡る（「技術とは〔……〕世に益するために組み合わされて用いられる知の仕組み（systema）である」）。以下を参照。Otto Ritschl, *System und systematische Methode in der Geschichte des wissenschaftlichen Sprachgebrauchs und der philosophischen Methodologie*, Bonn, Carl Georgi, 1906, p. 10-11.

†5　学問的論証の性質を論じ、その方法を規定した一連の著作（『分析論前書』、『分析論後書』、『範疇論』、『命題論』、『トピカ』、『詭弁論駁論』）を指す。

しつつ、わたしはベーコンが学問研究のための新たな予備考察としてものした著作を参照したのでもある。それは圧迫的なアリストテレス主義からの解放というポスト中世的な狙いのためではもちろんなく、はっきり眼に見える出発点を定めるためであった。こうした見通しのもと、アリストテレスの特異な論攷『命題論（Peri hermênias）』[†6]——解釈学（herméneutique）という単語はそこに由来する——をここで改めて読んでみるのがよい。多くの註釈が重ねられてきたこの著作は、単にひとつの哲学的な証言であるばかりでなく、わたしたちが手がけるドグマ的な問いかけの案内図ともなる。解釈というものにまつわる論理学上の与件——肯定と否定、また両者の対立、あるいは普遍的なものと単独的なもの、言葉、思考、そして事物など——を土台としながら、わたしたちの考察をさまざまな範域の区別とアサンブラージュの問題へ差し向けてくれるのだ。そうやって地平は拡がり、〈理性〉の制定の諸根拠、換言するなら、主体と社会の言語的な構造化を宰領している論理を明るみに出すことができるようになる。わたしの考察にとっての一般的な枠組みとはこれ、すなわち、ひとつの文明がその内部で己を組織し、展開してゆく知性の円環ということなのだ。

この点に立脚してみると、文明にとっての規範的次元が、主体に対してもあれ社会に対してもあれ、一連の論理的な要請の布置に根を持つことがたやすく理解できるだろう。こうした要請について、古代のラテン人たちは、人間という種における規範の機能を定義する、なかば格律となった「生を制定する（vitam instituere）」[*4]という表現によって、それを実際的に要約していた。疑問文の形で言い換えるなら、いかなる条件のもとで話す動物にとって生はあるのか、ということになるだろう。人類学的に見るなら、つまりドグマ的な問いかけが位置する観点からするなら、解釈という命法をめぐる考察はふたつの軸を含ん

---

†6 付言すると、この著作のラテン語による通称が『De interpretatione』、すなわち文字どおりには『解釈論』となる。

*4 『学説彙纂』（一・三・二）に由来するこの文言の射程は長大であり「生を確立し、規則づけ、秩序立てる」といった意味を持っている。『学説彙纂』は東ローマ皇帝ユスティニアヌスによって六世紀に編まれた巨大な集成であるが、中世にはヨーロッパの法システムを支える主柱のひとつとなった〔ユスティニアヌス法典（いわゆる『ローマ法大全』あるいは『市民法大全』）は、東ローマ皇帝ユスティニアヌス（在位五二七‐五六五年）の指示のもと、過去の勅法を集成・整理することで段階的に成立した。『勅法彙纂』、『学説彙纂』、『法学提要』、さらにユスティニアヌス帝の没後、私的に編まれた『新勅法彙纂』から成る。ローマ帝国の衰退のなかで次第に実効性を失ったが、一一世紀イタリアで再発見され（いわゆるローマ法ルネサンス）、中世法、ひいては近代法の成立に決定的な影響を与えた〕。

であり、それは今日の西洋人にはきわめて近づきにくいものとなっているが、いずれも斥けがたいものだ。第一に、近親姦の禁止という基礎的にして不透明な問題がある。民族学はこれについて実に貴重な情報を多く提供してくれたけれども、そこでまとめあげられたものはいまや平板化され、とりわけ性についてのまずは自由放任的な、ついで科学主義化したプロパガンダに押し潰された挙げ句、同一性と他性をめぐる苦痛について意味あることを何ひとつ語れなくなってしまった。第二に、やはり同じように不透明な問題、つまり人間と世界の対話という基礎的な現象があり、これを理解する道は、一神教の宗教言説によって、さらにまたそれとは逆のしかたにおいてではあるが、やはり表象の生の示す深淵を前にした人文・社会科学の怯懦な歩みぶりのために塞がれてしまったかのようである。だが、現今にあって、普遍的な要請、すなわち差異化する権力、つまりは文明の水準で区別を打ち立てる機能を制定し、世界劇場として構築し、紐帯をめぐる社会規則を作り出すという要請の前にあって諸文明が平等であることを把握するにふさわしい学知が姿を現すとしたら、こうした問いかけの領野においてのことであるはずなのだ。

C　メランコリックな時間の物語

「わたしたちの語らいは天上にあります」
――パウロ「フィリピの信徒への手紙」三・二〇

「世界に皇帝はひとり」
――ピサのフグッチオ（教会法註釈者、一二世紀）

西洋における権力の紐帯がどこかに湛えていたメランコリックな趣きはいまでは消え去り、科学的とされるデータを手段として管理された世界という表象に座を明け渡している。けれども、同時代の世界を考えるにあたって、政治的な愛の次元、すなわち全能にして全知の神に対するヨーロッパ的な信仰から受け継がれた情動のポジションを記憶に留めておこう。一九九〇年代から世界銀行が築き上げて流布させてきた「ガヴァナンス」の概念は、なるほど修辞のうえで、もはや人間ではなく一群の原理が統治する社会、つまり〈全体行政〉を予告した一九世紀のサン・シモン主義を思わせるが、右のような視角からするなら、それに加えて、ひとつのフィクションであるかのごとく、人類に語りかける至高存在を代理するエンブレムが発揮する抗しがたい力をともなって、人間精神を徴づけているように思われる。今日の「至高存在」とは、テクノサイエンス経済のことであって、これはあらゆる正統性を保証する言説であり、だから誤ることもわたしたちを欺くこともない、というわけだ。しかし、惑星の全体がそんなふうに考えているわけではない。

ここでわたしたちは、エンジン・テストというメタファーによって、西洋の歴史性、すなわちラテン・キリスト教に由来する文明が構築した系譜表象への個人の関係を熟考するよう促される。民族学が未開社会について描写するような〈祖先〉の形象からは引き離されているわたしたちも、やはりなお有限性の演出、ひとつの反復原理の劇場化と関係を持ちつづけている。その反復原理とは、個々人が構成する世代をつうじて生と死が再生産されるということであり、だからまた、語る種は、己の運命を棲みゆくために、この原理の原因を輪郭づけるよう迫られるのだ。

どんな社会にあっても、〈準拠〉の機能、つまり運命をめぐる言説が作り出すモニュメントの具体的な務めとは、制定された形式（それは単数であっても複数であってもよい）を描き出し、そこに、まさしく生と死の解きがたい結び目をめぐる解釈の対象となるものを位置づけ得るようにすることだ。西洋の場合でも、文明はやはり公準として〈祖先〉を要請している。その制度システムは、〈準拠〉として立てられた二重の聖書というモニュメントから自身の系譜的根拠を受け継いでいるからだ。一方には、ユダヤ教の聖典であるトーラーの上に福音書と使徒にまつわる文書を建て増したキリスト教の聖書があり、他方には、ローマ＝教会法という中世に成立した文書があって、教権はこれをもうひとつの聖書、あるいは第二の聖書として追加したのである。[*1] こうした土台のうえで、コントラストに富むさまざまなヴァージョン――プロテスタントによる改革、カトリックの対抗改革、マス・レヴェルの産業宗教――とともに、近代における「制定する権力（pouvoir d'instituer）」が築かれた。

右の指摘に依拠するならば、さまざまな系譜秩序をただひとつに溶かし込む普遍原器のごとき歴史性があるといった幻想から抜け出せるようになる。この点を例証すべく具体的に論じよう。五世紀、ガリアの地にフランク王国を創設したクロヴィスは、ローマに借

*1　こうしたアンサンブルについては、本書に収めた新しい講演のなかで触れるけれども、すでに言及した以下の著作の対象となっている。副題を含めてその表題を改めて記しておこう。Pierre Legendre, *L'Autre Bible de l'Occident : le Monument romano-canonique. Éude sur l'architecture dogmatique des sociétés*, *op. cit.*

りた各種の称号を使用したが、だからといってみずからのゲルマン人としての身分を捨て去ったわけではない。これはあくまで承知のうえに為された政治的シミュラークルなのであり、クロヴィスがそうした称号の使用によって自分はローマ人になったと考えたわけではないのだ。今日では中国という例がある。中国には〈全体革命〉というヨーロッパ的な理念が輸入され、わたしたちのそれと同じような国家とマネジメントのありかたが採用され、ベートーヴェンが演奏されもする。けれども、それは西洋人の表象世界への融合を意味しているわけではない。人類学の水準において、文化の相続関係――これは、交換、ある社会から別の社会への移入、人間のあいだの混淆について思い違いをせぬために改めて考量すべき概念である――は、個人を超えた地平にある人間の再生産という現象のうちに位置している。伝承されるべき不可侵性の次元、不朽の象徴的絶対の次元がそこにあり、帰属の感覚というものはこうした次元を拠り所とするのだ。

わたしたち自身の文化の相続関係はといえば、雑種的な伝統として完全に特定できるものである。西ヨーロッパで生まれた文明の産物は、産業的合理性と市場法則の宣教者と化しながらなお、教権をめぐる帝権的な教説と営為をつうじて中世に改めて基礎づけられたラテン・キリスト教の政治的・法的な徴《しるし》を今日にまで伝えている。

一一世紀のグレゴリウス改革は、「帝権の倣び（imitatio imperii）」を告げ、たとえば「ただかれのみが皇帝の持物を用い得る」、あるいは「その名は世界に唯一である」といったことが教皇について言われた。[†1] また、こうした教皇による代行をつうじて、六世紀以来ほとんど死に体となっていたローマ法が新たに生を獲得し、「キリストの代理人」という概念の神学的な正当化にも影響を与えた。そして、諸々の巨大な法的発明、あるいは国家の観念それ自体が、これらのことがら抜きには考え得ないものだったのである。こうした制度的な問題は、のちの一六世紀になって、教会の改革という数世紀に及ぶ問題をめぐる血みどろの闘争として激化したわけだけれども、近代はそれを、己自身の神的な正統化の探求として受け継いだ。こうした事実を考慮に入れること、それは、わたしたちのこの文化の普遍主義的な主張を相対化することであり、それによってまた、惑星に生きる人類にとって普遍性とは何であるのかを、ただし歪みのない基礎のうえで問うための道筋を開くこと、いや、より正確には改めて開くことである――今度は、西洋のモンタージュを、民族学が異国の対象に接してそうしたのと同じ厳密さで、また〈テクスト〉の世界空間に関

†1　グレゴリウス七世（在位一〇七三‐一〇八五年）による、いわゆる「教皇令二七箇条」第八条、第一一条。

連づけながら論じなければならないのだから。

こうした展望のおかげで、同時代のドクサから身を引き離すことが可能になる。このドクサは、わたしたちの文明に固有の性格の論理的源泉となっているもの、すなわちキリスト教に固有の分裂（schize）を把握する手だてを持っていない（なぜそうなのかというモティーフを探り出すには、社会における抑圧のメカニズムに注意を払わねばならないけれども）。分裂というこの概念は重要なものであって、己の起源であるユダヤ教を斥けたがために社会規則を欠落させることになったキリスト教の特殊性と関係するとともに、キリスト教がひとつの空白を埋めるべくローマ法のシステムに助けを求めたことの意味を理解させてくれるものなのだが、これについては第三講演をつうじて詳論してゆくことが不可欠となろう。

ここでひとつ強調しておきたいのは次のことである。抑圧は今日でもみごとに効果を発揮しており、だから、知識人階級――とりわけ学問的な意識からそれ自体として不用意にも消去されてしまった宗教の爆薬に直面している政治学者――は、いわば盲目的に駆けずり回るばかりで、解釈学上の系統というべきものへ自身を位置づけることができずにいる。それができたなら、超近代主義に伏在している宗教のことを、そしてまたローマ＝教会法の伝統に徴づけられた法的エレメント——経済的なグローバル化を可能にしながら、刻下にあって未聞かつ根本的なやりかたで〈世界帝国〉という問題を再び打ち上げているこの接合剤——の深い意味作用を摑むことも容易になるはずなのだが。この節のエピグラフに註釈者であるピサのフグッチオの「世界に皇帝はひとり（nam unus imperator in orbe）」[†2]という文言を引いたのもそのためだ。これは、運命を予見しようとする者たちにとって熟考に価する格律ともなろう。

右に言及した分裂、また、それが西欧を出自とする文明に関する学知の形成に与えた機械的な影響というべきものを確認する基礎的な作業から出発して、わたしの講演は、然るべくして、ヨーロッパ史において遭難に見舞われた領域を考察することになった。しかし、忘却は手の施せない無知を意味するわけではない。考古学者であれば、忘却のあるところ

---

†2　ピサのフグッチオ『教令大全』、『グラティアヌス教令集』第一区分一二条への註釈（Huguccio Pisanus, *Summa decretorum*, edidit Oldřich Přerovský, Città del Vaticano, Biblioteca apostolica Vaticana, 2006-, t. I, p. 55)。ルジャンドルは、カトリックから近代西洋世界に継承された普遍主義的志向を論じる文脈でこれを参照する（Pierre Legendre, *L'Autre Bible de l'Occident, op. cit.*, p. 303, 314)。

には何かしらのモニュメントが埋まっていると考えるのではなかろうか。忘れられてあることは、保管されてあること、しっかり管理されてあることでもある。現今にあって、それは専門化した考証学のもとで管理されており、この学は大変にパフォーマンスが高いのだけれども、白昼の世界からは放逐されている。社会が、ひそかに、しかし神経症と同様の執拗さで、それについてあまりに多くを知ることを怖れているからだ。ただ、若干のニュアンスを加えておくなら、政治と大学にまつわる伝統の違いから、ドイツでは、神学上の対決や法学の成果について論じることがフランスほどにむずかしいわけではない。

西洋の普遍主義に歴史家として以上のごとくアプローチするにあたって、キリスト教に固有の分裂がもたらしたふたつの主たる帰結を強調しておこう。第一の帰結は教皇庁の試みに由来している。教権は、ローマ法を大々的に転移させて規則の空白を埋め、ひとつの典拠たるテクスト群を単なる概念の培養池に変えたうえで、そこから材料を汲んだわけだが、そのことによって産業主義時代の功利主義を先取りしていたのである。規則は、ある合法システムから別の合法システムへ転移させ得るものとなった。それによって、政治は、ひとつのモンタージュを自身に奉仕させる力を持つことになるわけだ。モンタージュの歴史性を消去しさえすれば、そこからお好みで使えるテクニカルな道具ができあがるというのだから。そこにあるのは、散発的な借用や、ある文明の別の文明に対する影響という古典的な現象ではもはやなく、伝統的なアサンブラージュの転覆である。このようにして教皇庁の神権政治はひとつの制度的営為を作動させたわけだが、その帰結は明白だ。キリスト教に内在する規則の欠落の結果として、法的秩序は神学的シナリオから仮説のうえで分離され、規範性が技術的な問題と化したのである。こうした神学と法の分離はユダヤ教やイスラームにとっては考えられないものだが、キリスト教世界では早くも一二世紀に明確に表明され、世俗的な制度性の礎を築いた。この制度性は正統性を求めるとともに、実践面での実効性という基準に即した規則を供給し、主体に向けてこのふたつの平面を接続させる役割については、それを道徳神学（今日でいえば倫理）に負わせた。現今の冷たい〈革命〉に逢着する運動の起源がここにある。世界化し、社会的鎮痛剤となった倫理と心理学を大々的に消費するマネジメントは、いま述べたような歴史の延長線上に位置しているのだ。

分裂の第二の帰結は権力の紐帯、すなわち権威に対する主体の関係にまつわるものである。政治とは、表象の生（宗教的・神話的シナリオ）と社会規則（法的決疑論）のあいだでアサンブラージュの機能を担い取るもののことだ。キリスト教における規範の欠落は、こうして、未規定性という次元、つまり規則という領野についての原理的な不確定性を導き入れた。この領野は、ある意味で空白なのであり、政治による「権力の充溢（plenitudo potestatis）」[†3]——これは教会法註釈者たちの表現であるけれども、中世という工廠で生み出された君主がいかなるタイプのものであるのかを把握するうえで実に大切なものだ——に委ねられている。この「充溢」という言葉が意味しているのはほかでもない、権力を保持するための資格が根底において恣意的なものだということである。近代国家という形式の先駆者である「キリストの代理人」としての教皇が、皇帝のさまざまなアトリビュートを借用したことを見てみればよい[*2]。そこで権力の保持者は、あるいは自身を限界づけているとも言えるし、しかしまたローマ法の専門性を手段として、みずからを神に帰せられるべき立法権力の解釈者として押し出したのだとも言えるのである。

構造に含まれたこうした未規定性の領域を、主体の側で反映しているのは服従という問題である。ヨーロッパに登場する政治主体は、権力の充溢に向き合い、己の同一性を定めるよう促され、かつ同時に文化が含む規範システムを棲みゆく者として、右に述べた分裂が制度的系譜のうちに書き入れた余白から利得を引き出した。この主体は、それまでの一神教的モンタージュにおいては未聞であった権力の脆弱さ——不安定さとまでは言うまい

——を相手取ることになるのだから。反逆的な言説と知の沸き立ちという西洋に固有の現象は、まさしくこのことに由来している。近代におけるさまざまな自由の発明、さらに民主制という観念の登場とは、妥協の歴史、アメリカの政治学者たちによるアフォリズムを移し替えて言えば「抑制と均衡（checks and balances）」†4のゲームの歴史、つまり、己を保存しながら展開する構造の内部で対立的な圧力を均衡させるメカニズムの歴史である。しかしながら、主体のイデオロギー、個人の称揚といったものに対しては、キリスト教がいかにして寄与したというのだろうか。

ひとつの折り目がつけられて定着したのだ。時代が進むにつれ、私的な圏域と公的な圏

---

†3　一般に「教皇至上権」と通称されるものを指す。関連する書誌を含めて、たとえば以下を参照。Agostino Paravicini Bagliani, *Il Corpo del Papa*, Torino, Einaudi, 1994, p. 82 *sq*.

＊2　以下を参照。Pierre Legendre, *L'Autre Bible de l'Occident, op. cit.*, chapitre I (« Écrire les lois absentes de la Bible chrétienne ») et chapitre III (« La mise en scène des Écrits vénérables et ses implications »). そこでは、ラテン教会がローマの帝権を賦活・吸収する過程を検討した。これは、以下の講演にとって本質的なことがらとなっている。

†4　「抑制と均衡」はいわゆる権力分立の基本的な理念を示し、ここではかつての教権が代表した「権力の充溢」と対比されている。ただし、この充溢が権力の構造的な空虚を逆照射したもの、また「抑制と均衡」の原理もその反転した帰結として考えられていることに留意。

域の溝が明らかなものとなっていった。聴罪司祭に対しておこなわれる私的な秘密の告白が内観（introspection）、さらにその延長上にある心理主義の発展に果たした役割を考えてみればよい。[†5] また、何度も反芻された二国論、すなわち地上の国と天上の国の隔たりという主題は、身体と魂の分離に関係してもいる。こうした構築物は、世俗世界にも多くの帰結をもたらしたのであって、欲望と愛の論理を背景にしながら、権力がおこなう誘惑、そして敬虔主義的な形を取った服従に裨益したのだった。「わたしたちの語らいは天上にあります」というパウロの言葉は、主体にとって権力の紐帯が帯びるメランコリックな性格を一個の詩として表現している。主体はこの地上で「敬虔なる欲望」（以下の講演でも触れるバロック期の著作家の表現である）[†6] に取り憑かれており、政治的な欲望はといえば、天上の〈幸福〉を配する神に帰せられるのだが、その究極的な成就は、しかし別の世界へ先送りされることになる。相次ぐ革命は、こうした遺産を世俗化しながら、やはりまた、主体を己の恣意でどのようにも処分できるものとすることを織り込んできたのであった。

　次のことを心に留めておかねばならない。規範の空白が豊かな実りをもたらす開放性に変じるということは文明的な与件なのであって、その射程を十分に把握するなら、「西洋における政治的感情の歴史[*3]」をめぐる作業場を開くという構想も可能になる。この歴史の基礎となるのは、権力——産業時代にあって国家として現れるかもしれず、そうでないかもしれず、また形式において独裁的であったり匿名的であったりする権力——へ向けられた愛の転移を考慮に入れることだ（「君主には曰く言いがたい神的なものが結びついている」というボシュエの言葉は、雑駁ではあるが、こうした転移を適切に表現している）[†7]。そうすることで、自由や弾圧やらのために利用される政治的な愛の多様な発現を考察できるようになる。二〇世紀のさまざまな専制が叩き込んだ「ノー・リミット」の論理を受け継ぐこの時代にあって、反規範的な規範性という新しい制度秩序は、自由主義的な、そ

---

†5　本書一五五頁以下参照。

†6　本書一四九 - 一五〇頁参照。

*3　示唆的なアナロジーとして、いうなれば情動性を介してフランスにおける宗教の歴史の襞に切り込んだアンリ・ブルモンの仕事を挙げておこう。以下の記念碑的な著作を見よ。Henri Bremond, *Histoire littéraire du sentiment religieux en France depuis la fin des guerres de Religion jusqu'à nos jours*, Paris, Armand Colin, 12 vol, 1967-1971.

†7　以下を参照。Jacques-Bénigne Bossuet, *Politique tirée des propres paroles de la Sainte Écriture*, V, 4, 1 : édition établie par Jacques Le Brun, Genève, Droz, 1967, p. 179.

してまた自由放任主義的な信仰のプロパガンダによる快楽的傾向というスタイルのうちで、〈幸福〉への約束を改めて翻案している。それは情動にもとづく統治である。だが、もしもキリスト教の諸派（カトリックとプロテスタント）によって、また、かつて西ヨーロッパが練り上げてきた芸術と神話によって昇華されたメランコリーの徴が、科学主義のプロパガンダや政治的マーケティング、商業主義による欲望の略取などの影響下に消滅してゆくのだとすれば、それは、このメランコリーの代替物、つまり抑鬱へ場所を譲り渡す結果に至るのである。

D　要塞的精神　文明の構成要素としての攻撃性

以下は傍註であり、収録された講演への註釈に対する短い補足である。文明は、個人と同じように攻撃性、つまりは人類学的与件としての暴力という謎の次元（主体の側でのこうした次元の論理については、精神分析がすでに明らかにしている）を取り入れるものであるが、このことに関係して重大な問いを提起しようと思う。

要点を浮き彫りにするには、語源に助けを求めるのが簡便である。攻撃性（agressivité）という語は、ラテン語の動詞「adgredior」に由来する。この動詞は元来「近づく」とか「接近する」といったことを指したが、加えて、意味が自然にスライドした結果として「攻撃する」ことをも含意するようになった。そこに透けて浮かぶ張り詰めたものは名状しがたいのではあるが、それでも「万人の万人に対する闘争」(ホッブス)というトポスによって言い表されているのでもあるし、ショーペンハウアーが繊細にも「生への意志そのものをふたつの敵対部分に引き裂き、個体化の原理をつうじて眼に見える形を取る矛盾」と言い換えたものでもある。こうした古典的な哲学と同じラインの上で、フレデリック・ワイズマンの映画は、主体の奥行きと制度の響きに注意を向けながら暴力という主題を取り扱っている。「暴力は永遠であり、ひとがそれを破壊すべく何を為そうともそうである。それは消滅などしないし、減衰することさえないだろう。ただ形を変えられるだけだろう」。*1

分割の意味、ショーペンハウアーの言う「引き裂き」の射程を把握するために、こうして主体構築というものを介入させることに裏づけを与えてくれるのは、不和の女神エリスをめぐる系譜的なメタファーだ。この女神は、エレボス(これは「地獄の闇」の名である)とその妹である夜の女神ニュクスの近親姦から生まれた。*2 このような神話が描き出しているのは、動物じみた力ずくの関係なのではなく、同一性と他性の表象、つまりは〈理性〉をめぐる諸争点に己の存在の内側から向き合う人間につきまとう曖昧さである。こうした複合性は、文明の水準では、〈理性〉、またそれと表裏一体である殺人と近親姦という禁止の二側面として見出されるのであり、それによってまたわたしたちの展望も拡がることになる。というのは、攻撃性が問題となる以上、そこには「実存の裏側」があり、そしてまた個人を超えて、社会の水準における同一性と他性を構築するさまざまな伝統の地層、さらに、（いまや惑星化した経済的競合をもつうじた）あらゆる面における文化の埋蔵財があるわけなのだから。

この実存の裏側からは、醒めたモラリスト、また国際関係についての経験豊かな実務家であれば誰しもが、作家モーパッサンと同じ教訓を汲むだろう。「誰に対しても戦争のうちで、あるいは少なくとも武装平和のうちで生きねばならない」。こうした裏側を見誤らずにいるのであれば、攻撃性というものをその構造的な基底から切り離すことなく、政治的な次元において把握することが可能になる。そして、「戦争というもの、それは廃されることなどな

＊1　ウクライナの作家ワシーリー・グロスマンによる表現である〔『万物は流転する』（一九六三年）より〕。フレデリック・ワイズマンは、二〇一〇年、テキサスのボクシング・クラブに取材した映画『ボクシング・ジム』を紹介するにあたって、この言葉を引用していたが、それはまた、企業マネジメントのテクニックを成り立たせている闘争精神を説明するものでもあるはずだ。

＊2　ここで註釈の対象としているのは、ショーペンハウアーのエゴイズムをめぐる所説である（Schopenhauer, *Le Monde comme volonté et comme représentation*, IV, 62, Paris, PUF, 1966, p. 417-420）。

い」[*3]（フロイト）のだとして、今日における幻想が何であるのかといえば、それはもはや啓蒙思想のように何かしらの「永遠平和」の計画を思い描くことなどではなく、（実証主義の平板な思考によって人間という種の運命と考えられている）テクノサイエンス経済の無際限な拡大が、利害調整者たる世界政府によってプログラムされた未来において法の支えを得ながら実現するだろう、といったように思い為すことである。敵、それも原理的な敵との関係から切り離すことのできない要塞的精神が浮き彫りになるのはまさにここにおいてだ。

　この原理的な敵について、近代人はすでにして理論化をおこなっている。レフェランスとなる権威はジャン・ボダンであり、かれはその有用性について次のように述べている。「国家を保存するための最適な手段とは［…］対峙できる敵を持っておくことだ」（『国家論』五・五）。また、カール・シュミットはそこからいっそう踏み込み、友／敵という二項関係を政治にとっての創始的な設定として定立した。だが、わたしたちが考えるべきは次の点だ。時代から時代へ継承されてきたものは、単に好適な機会についての議論や行動を正当化する諸々の事由、またより一般的にドクサという現象に限定されるのではない。それは構造の根底そのもの、文明というモンタージュの堅牢性に関わるものなのだ。ここでもまた、西洋において言葉の意味がたどった道筋を遡ってみよう。

法律家にして哲学者であったキケロが明言するところでは、公的なことがらは「堅牢(robuste)」、つまり樫のように堅固でなければならない(ラテン語の「robur」とは樫のことである)。だが、これはひとりローマの事例を超えた一般的な水準——創設的なエンブレムを担い、文化の神話を社会的規範へ翻案する権力としての政治が、異なる範域をオーケストレーションすべくそこで聳える水準——にあてはまることだ。そこから、法という主題系に結びつけられた軍事的なメタファーへ移るのはたやすい。抗うもの、団結を基礎づけるもの、恃むべきもの、それは武器の威力と同時に法の効力であるということになる

＊3 モーパッサンの言葉は「赦し」という短篇から採った(« Le Pardon », *Contes et nouvelles*, Paris, Gallimard, 1994, p. 583)。この短篇の主人公は「実存の裏側」のことなど思ったりもしない若い娘である。フロイトについては、一九一五年に書かれた「戦争と死についての時評的発言」を参照(« Actuelles sur la guerre et la mort », *Œuvres complètes*, t. XIII, Paris, PUF, 1988, p. 155)。フロイトはそこで、同時代の人間の状況を嘆きながらも(「実存の条件、相互的な嫌悪…」)、「戦争に傾き、適応しようとする者たち」の列に加わろうなどとはしない。かれの考察は、同時代に進行しつつあった武力紛争を超えて、暴力の主観的な根拠と死への関係についての考察となっている(「わたしたちを無意識の欲望の動きから判断するのであれば、わたしたち自身、原初の人間と同じように、殺人者の群れなのである」)。

のだから。ローマ帝国に由来する「武器と法によって（armis et legibus）」というアフォリズムの背景には抑制された攻撃性があり、それがまた後期近代の「法治国家」を支えていると考えてよいわけである。

古代とわたしたちをつなぐ職人ともいうべき中世人たちは、こうした要塞的精神をローマ人のごとくあけすけに掲げるほど乱暴ではなかった。かれらの考えでは、教会の拡大を保証するために法という城壁を築いてくれたのは、ほかでもないキリストだというのである。*4 こうした展開に即してひとつの事実を確認しておこう。ヨーロッパ＝アメリカのモデルに適応した国家というモンタージュを、押しつけたり同意を取りつけたりしながら輸出すること。民主制なるものについてスタンダード化された説教を西洋が唱え立てること。そこには――「自然な」とあえて言うが――付随物として、防衛的なレトリックに支えられた過剰武装がともなっている。そのうえで惑星の全体を見渡してみるなら、いたるところで、同様のメカニズムがそのたびごとに都合のよい言説を取り合わせながら機能していることがわかるだろう。

ここでマネジメントについて言及しなければならない。ひとつにはその歴史的な位置のため、もうひとつには、レトリック上の入念さを取り払ってみた際に見えるその営為のためである。グローバル化と通称される事態の水準にあって、マネジメントは、疑いようもなく、己の出自から継承した原理主義を伝播している。第一に、産業システムの闘争的な合理性、ならびにその延長としての、人間の紐帯に関する技術主義的な思考。第二に、全体戦争と殺戮の科学的プログラミングに裨益すべく二〇世紀に到来した組織化の完遂。実践のうえで、世界化された効率性（efficiency）の根底に、企業や国家行政、また超大陸規模の封建関係への軍隊的思考の移入があるのは明らかだ。そして、こうした傾向のうちで、純然たる道具的思考が法の領域を浸食している。慣用となった言い方をするなら、マネジメントは法という手段をモビライズしている。

最後に、文明内部の、また諸文明間の対決が孕んでいる本来の意味で人類学的な係争点を考量すべく、読者にとって熟考の素材となるだろう図像をいくつか提供しようと思う。まずは図版四。《この都市より堅固なものが何かあろうか（Quid tutius hac civitate ?）》と

＊4　「武器と法によって」というローマ由来のアフォリズムは、もとは、皇帝ユスティニアヌスの命によって編まれた法学の教科書〔『法学提要』〕の序言に収められたものである。キリストと城塞としての法学との関連づけは、一二世紀の教会法にまつわる註釈に由来している。それぞれ以下を参照。Pierre Legendre, *L'Autre Bible de l'Occident, op. cit.*, p. 291 et 154.

題されているが、これは一六八五年にプラハで印刷された『焼き石で焼かれたパン菓子(Subcinericius Panis)』という頌徳演説の挿絵である。表題は以下のようにつづく。「世界で二番目の不死鳥、死せる肉体から甦りし天使博士、聖トマス・アクィナスへの公的礼賛」。カトリックによる対抗改革は、こうした演出をつうじて、神学を、異端(すなわち中欧のプロテスタントによる改革)に向けて火を噴く要塞として位置づけたわけである。

図版五と六。一六世紀の素描家ダニエル・シュペックリン[†1]はウィーンで要塞建築術を学んだ。ここに挙げた書物は基本文献として、次の世紀には名高いヴォーバン[†2]の発想源ともなったのだが、格別に興味深い本である。本書で掲載したのは一五九九年版(一五八九年刊行の初版が増補されたもの)であるが、これはヒトラーの蔵書であった(ベルクホーフの図書室に収められていた)。とりわけ要塞化された住居の図版、また要塞化のプランを素描した図版には、見るひとを考え込ませるものがある。ある次元から別の次元、つまり政治における古典主義(アンシアン・レジームの軍事技術と戦略)からその精神病的な逸脱(ヒトラーの包囲妄想、そしてかれが指示した「大西洋の壁」)への移行が、まさにそこで描き出されているわけなのだから。

†1　Daniel Specklin (1536-1589). アルザス出身の建築家・技師。軍事建築と数学を学び、ヨーロッパ周遊を経て、ドイツ各都市の城塞化を主導した。本文中に挙げられる『要塞の建築について』も古典的著作として名高い。

†2　Sébastien Le Prestre (seigneur de Vauban, 1633-1707). フランスの軍人・建築家・技師。はじめ将校として、ついで要塞戦術の専門家として頭角を現す。また、ルイ一四世の対プロテスタント政策を批判し、財政改革の必要を建言するなど、その活動範囲はきわめて多岐に及ぶ。

講演テクスト

以下に収める講演は、ただ単に時系列に沿って並べられているわけではない。法をめぐる問いは今日にあって際立ってしかるべきプライオリティを帯びている。文明間の関係における状況の反転を理解するにあたって、この問いは決定的な役割を担っているのだから。かつて支配を被った諸社会がいまではヨーロッパ＝アメリカ型の法的技術性を自家薬籠中のものとするようになったが、それは、まさしく西洋人による統御を無効化し、これら諸国にあって法律家がひとつの文化の力学装置をまるごと変化させる——ヨーロッパにおいては多大な成功を収めたことがらである——能力を持つことを浮き彫りにするような条件においてのことである。だからこそ、ヨーロッパの歴史的モンタージュのフレキシビリティを問い、その論理（すなわち分裂という問題）を把握し、しかるのち人類学の領野に踏み込むことに意義がある。

こうした基盤のうえで、以下に分析作業を連ね、扱いのむずかしいポイントを何度も重ねて論じてゆくことにするけれども、展望はそのたびごとに異なっている。ということは中継的な部分もあるわけで、いくつかの要素は講演のたびごとに取り上げられる。また、同じ図版が何度か言及されることになるが、これもそのつど別の目的に即してのことである。発表のスタイルとしては、できるだけ理論的な道筋が明らかになるよう努めたが、ときには予期せぬ迂回があったり、人口にあまり膾炙していない点について考証学的な面から詳細に説明する必要があったりもするはずだ。ごく些細な修正を除けば、収録されたテクストはそれぞれの機会に読み上げられたものと同じであるが、いくつか註を補った。

各講演について、場所と日付、どのようなテーマのもとでそれが行われたのかを記してある。

第一講演　法律家よ、おまえは誰なのか

法の系譜についてのインフォーマル・トーク

「法律家であること」

パリ第一大学

ジョルジュ＝デュピュイ・サークル主催による講演会

二〇〇九年五月

家のガラクタを漁っていたら、幸運なことに、フランソワ・ジェニーがレイモン・サレイユに宛てた手紙が出てきました（ふたりとも、ここの法学部に大変な思い出を残した教授です）。[†1] 日付は一八九八年六月一一日とあります。ジェニーは、友人のサレイユがその頃に出版した『刑罰の個別化』という本の感想を記している。みなさんのために、とても鮮烈な一節を拾っておきました。「生きた源泉から切り離された法律家の精神的虚無」というのです。

一世紀以上が経ちましたが、言葉の切れ味はそのままです。中世の法律家にも確実に

†1　本書一〇二頁を参照。

あてはまったはずです。少なくともダンテが『神曲』で厳しく難じていた法律家たちには。ジェニーの筆鋒は同じように鋭い。かれが考えていたのは、第三共和制の法律家たちのことですけれども。さて、わたしの手番ですが、悪い運を振り払うために、テーブル上にカードをすっかり開いてみなさんにお話しすることにします。

法律家であるわたしたちは、西洋の袋小路を管理するよう召喚されています。ただ、いかなる条件のもとでそうなっているのかを観察することが大切です。テクノサイエンス経済が定める条件のもとで、ということになっているのですね。袋小路のことを英語では「盲目の道（blind alley）」と呼びますが、そうした意味合いを響かせたいと思います。いや、「盲者の道」とさえ言いたくなるところです。わたしも盲者中の盲者であるわけですが、そうしたみずからの経験についての熟考を経て、「生きた源泉から切り離された法律家の精神的虚無」に関して自分が学んだと思うところを、できるかぎり簡潔に話そうと思います。

袋小路に入り込んだことに気づいたら、解決策は、身を引き、後ずさりして、別の道へ踏み込むことです。こうした譬えをつうじて、まずもって注意を向けてもらいたいのは、今日にあって思考するという問いが危機下にあるという事実です。

さらにまた、わたしたちの眼下で起きていることがらを意識しなければなりません。わたしたちを巻き込む言説の渦はどれも、〈理性〉原理、そしてこの原理に含まれた「なぜ？」への無窮の開けではなく、実におめでたくも効率性（efficiency）――企業経営者が祭り上げている言葉を用いているのですが――を権威とみなしています。こうした言葉の常として、不条理とまでは言いませんが、精神の萎縮がそこにともなうことになる。経済で言う「収益」に奉仕させるべく諸々の知を連隊編成する言葉なのですから。進歩主義者の新しい物言いがどんな音色を鳴らすかはご存じのとおりです。「インプット」、「アウトプット」、あてがわれた方法を連鎖させると結果が得られますよ、というわけです。こうした見地のもとで、法は社会エンジニアリング、つまるところ疑似科学へ引きずり込まれています。

以上を確認するだけでは済みません。過去と比べて、わたしたちの時代にはとても大きなアドヴァンテージがあるのです。法の〈問い〉は、今日では白熱したものとなっています。大きな〈問い〉です。とりわけ西洋における主体の条件をめぐって、わたしたちの文化的伝統の抑圧されたエレメントがこの問いのうちで運び伝えられているのですから。もはや、その重要性を否むことはできません。砕けた言い方をするなら、「熱い」わけですね。

今日では「文化のための闘争」は終結しています。フロイトの言によれば、人間という種、〈禁止〉と格闘するこの種を特徴づけるはずの闘争、[*1] それが終わった。前世紀は全体戦争、そしてまた科学的にプログラムされた絶滅という大虐殺に徴づけられた時代でしたが、そうした時代を経て文化のための闘争を受け継ぐことになったのは、政治における快楽原則の全能に対する信憑です。そこにともなったものは周知のとおりであって、社会的紐帯が解体し、個々人のファンタスムが無制約かつ無制御に入り乱れて規範性の領野を支配することになりました。

破滅的な専制のさまざまなイデオロギーを受け継いだのは、経営管理の言説、つまり科学による保証をばかり求める鈍《なまく》らで軟弱な学知の虚無です。日常会話の区切りとしてしょっちゅう顔を出す「問題ないね（no problem）」という銘が、その地平を要約しています。わざわざ「銘（devise）」と言いましたが、一七 - 一八世紀のエンブレムの手引書と同じ意味で使っているのです。そうした教科書は、ある時代にあって深い意味を持つ文言を流通させていた。否定形として現れるこの「問題ないね」という銘の根底に、思考することの苦痛、文明を養うはずの苦痛を斥けようとする現今の否認や検閲、知的アクロバットの一切が込められています。

「問題ないね」というこの銘を熟考してみると、それはしかしまた肯定の形を取る要素を隠しているのではないかと思われてきます。全面統御、すなわち時間と空間の統御という要求のことです。

時間の統御というのは、伝統など廃滅されたのだ、あるいはフォークロア化されたのだとみなすことです。もはや新しいものしかないという驚くべき思い為しがいまでは勝利を収めているわけですね。空間の統御というのは、西洋の政治的・法的な発明による支配(imperium)が全人類を征服する力を獲得したのだから、結果として、テクノサイエンス経済が惑星のいたるところに功利主義的な信仰を植えつけなくてはならない、と考えることです。

このような経営管理の全般化というハリケーンの只中で、法律家はどこを歩いていたのでしょう。つまり、今日を席捲する旋風について、かれらには何がわかっているのでしょうか。かれらはマネジャーの一種なのでしょうか。もしそうでないというなら、どこに身

＊1　フロイト『文化における居心地の悪さ』七（GW, XIV, p. 482）を参照（「動物たちは、わたしたちと縁続きの存在であるのに、文化のための闘争を示すことがないのはなぜなのか」）。

を隠しているのでしょう。このようにして、講演の標題に掲げた問いが差し迫ったものとなります。「法律家よ、おまえは誰なのか」。

この問いを、わたしはアンドレ・ボワイエという明敏な法制史家が一九六一年に執筆した短い論文に借りました。わたしはかれに多くのものを負っています。かれはその論文で次のように書いていた。「学問の要求と行動の要求のあいだ、合理と非合理のあいだで引き裂かれた結果、法律家はたいがいのところ己の目標を単なる技術者であることへと限定してしまう」[*2]。合理と非合理のあいだの引き裂きを語るボワイエのこの指摘には、基礎的な直観があります。なぜかといえば、この指摘によってわたしたちは、法律家が特権的に携わっている「人間と社会のドグマ的建築」ということがらへ導かれるからです。こうした省察の道筋、つまりドグマ的建築ないし構築をめぐる研究へ足を踏み入れるのをよしとするなら、諸文明の生と再生産を支え貫く規範論理があり、この論理は文明間の対峙という爆発性物質を抱え込んでもいることが見えるでしょう。また、現下に生じている社会的紐帯の解体が持つ歴史的な意味が理解されるでしょう。さらにそれと同時に、西洋の文明——わたしは、わたしたちのローマ由来の血統（！）を念頭におきつつ、それを「民法の文明」とも呼んでいるのですが——における法律家の構造的位置と論理的機能が理解されるはずです。

ここからの考察はふたつの段階に分けて進めたいと思います。第一の段階では、法律家が携わっている「人間と社会のドグマ的建築」というこの概念は何を包含しているのかが問題になります。第二の段階では、西洋に固有のドグマはどのようなヴァージョン、スタイルを持つのかということが問題になる。具体的に言うなら、超近代の法律家――今日の法律家――がある冷厳な伝統の操作者、いや、より正確にはその虜囚であるとするなら、それはいかなる点においてなのかを考えたいと思います。

＊2　André Boyé, « Juriste, qui es-tu ? Esquisse pour un thème d'enquête ou de colloque », *Archives de philosophie du droit*, t. VI (1961), p. 211-214. 法制史家アンドレ・ボワイエとは一九五七年以来、非常に親しく交際した。かれはわずかな著作しか残していないが、第一次大戦に際してシャルル・ド・ゴールと捕虜生活を共にした。連絡を保ちつづけたふたりは、第二次大戦中、まずエジプトで、それからアルジェリアで再会する。ボワイエは多彩な人物、とりわけルイ・ジョクスとモーリス・クーヴ・ド・ミュルヴィルを自由フランスに合流させるための仲介役となった。

第一の段階

国境を問わぬ規範論理に関係し、したがって西洋という枠を超える問い
――ドグマ的建築という概念は何を包含しているのか

ごく簡潔な表現で右の問いに答えることができます。ドグマ的建築とは、人間が組織化されるレヴェルを定義したものなのだ、と。「人間」と口にするとき、わたしは種としての人間を他の動物種から差異化するもの、つまり言葉という現象を念頭に置いています。そのようなわけで、これから論じる規範論理とは、人間の組織化をめぐる論理、より正確には、個としての話す動物にとって、また、個を超えた言語的構築として考えられる人間社会にとって法を成すものの論理だということになります。こうした言語的な構築を、わたしたちは一般に「文化」や「文明」、あるいは「制度システム」だとか「社会秩序」だとか呼んでいるわけですね。

基点となるこの命題をしっかり理解してもらうために、フロイトが自身の臨床家として

の偉大な仕事を要約した言葉をわたしなりに再解釈してご紹介しましょう。「文化の進展は個人の進展に類似し、同じ手段によって為される」というのです。[†2] こうした命題から法律家は何を引き出せるのか。

フロイトの提起した発想を「主体と社会（あるいは文化）の相互的な帰属」と呼ぶことにしますけれども、それを用いることで、法律家は、経営管理の袋小路から抜け出せるようになるのです。法律家は、ふたつの非常に大切な発見・発掘の成果を考慮しなければなりません。まずもって法と〈理性〉の問題系との関係ということ、それから総体《アンサンブル》としてのドグマ的建築（ないし構築）への法（西洋という枠を超えてもっと一般的な言い方をするなら諸々の決疑論システム）の統合ということです。

A　法と〈理性〉の問題系との関係

これは巨大な論題です。〈理性〉とは文明の懊悩であって、「なぜ?」というたった一言のうちに要約されます。言い換えれば、〈理性〉とは人間的な意識、反省的な意識をめぐ

---

†2　フロイト『文化における居心地の悪さ』八（GW, XIV, p. 504）。

る問い、話す動物による因果性についての思弁をめぐる問いであるわけです。

わたしたちの先達たる法律家たちは「書かれた〈理性〉（Ratio scripta）」なるものを語っていましたが、これは、法的な諸連鎖のうちにおけるローマ法の優越を意味していました。今日のわたしたちは、いうなれば内輪の歴史（西欧の歴史におけるローマ法の重みということ）をめぐるそうした表面的な論点、表層に留まっているわけにはいきません。法の〈理性〉、その因果性については、人間の舞台裏を露にしたともいえる精神分析という学問的な思考における事故のおかげで、もっと先へ進むことができるのですから。そこには三つの確認事項があります。

第一の確認事項、それは、〈理性〉の問題系は、現今に考えられている科学的な方途によっては理解できないということです。

まずは美学、字義的に言い直すなら「思考の感性的な把握[†3]」を経由しなければなりません。図版一を見てください。マグリットの《禁じられた複製》という作品です。『講義』シリーズですでに註釈を加えた絵ですが[*3]、今回の講演をオーガナイズした博士課程の若い学生たちは、招待状にこの形而上的な絵画を透かしでプリントしてくれました。かれらを祝福したいと思います。かれらがわたしの仕事を祝福してくれたわけですからね。

ここには驚くべき視覚効果があります。鏡のうちで正対するヴィジョン——合法的なヴィジョンと呼んでもいいでしょう——は消え去り、鏡像の論理が打ち壊されてしまったかのようです。鏡を見つめながら、そこに自分を背後から見ている。これは妄想的な発話と等価であって、現実、あるいは物理的な因果法則に対する主体の関係を引き去ることです。けれども、画家の手によって、文化という舞台の上で世界の秩序が疑いに曝されたおかげで、わたしたちは物理的な因果性を超えた地点へ連れてゆかれます。それは形而上的な、まさしく物理性に対してメタの位置にある（méta-physique）地点なのであって、ユダヤ教ならびにキリスト教の神学は、創世記の神をそこに位置づけました。創世記の神とは、鏡とイメージの絶対的な〈主《あるじ》〉、つまりはあらゆる束縛から解き放たれた〈主〉なのです。

この絵が示しているのは〈没理性〉の場面です。それは画家の無意識に根差しているけ

---

†3　トマス・エリオット「形而上詩人」（一九二一年）にもとづく。「とりわけジョージ・チャップマンのうちには、思考の直接かつ感性的な把握（direct sensuous apprehension of thought）、あるいは、感覚における思考の再創造があり、これはジョン・ダンに見出されるものとまったく同じである」。

*3　Pierre Legendre, *L'Autre Bible de l'Occident, op. cit.*, p. 219 *sq* (« Le souverain vu de dos »).

れど、しかし、神格化された近代人の眩暈を表現しながらわたしたちに〈理性〉を語っている。そうして神格化された人間は、みずからを崇拝し、神がそうであるようにすべての分割から解き放たれて、もはやイメージを持たなくなっている。絵のタイトルは示唆的です。《禁じられた複製》。そこから何を学び取ることができるでしょうか。

何を学び取るのかといえば、〈理性〉は〈没理性〉と関係しているということです。ポジティヴなものがその反対物であるネガティヴなものと関係しているのとまったく同じように。つまり、制度的な構築というのは、ただ合理的な〈理性〉（鏡の場合であれば、物理的な因果性）とばかり関わっているのではなく、〈没理性〉の狂える坩堝とも関わっているわけです。神話だとか宗教、あるいは芸術と呼ばれているものの機能、それはこの狂える坩堝を言葉のうちへ持ち込み、ときとして破滅的でありうるその帰結への雷管を外すこと、つまり文明化することにあります。

第二の確認事項、それは、〈理性〉の問題系には論理的な核、つまり分離を担う権力という要請が含み込まれているということです。

美学を経由することによってまた、今日の客観主義的な思考にはもっとも異質な問題、すなわち劇場性の命法（impératif théâtral）に向き合うための扉が開かれもします。どのような文明においても、区別の審級の構築をつうじて、〈理性〉と〈没理性〉の分離が為されねばならないのです。これまでにも手短に述べたこともありますが、儀礼や音楽、コレオグラフィー、典礼、つまりは分離する権力の演出なしに社会が統治されたことはこれまでなかったし、これからもないでしょう。これは、制度という現象をめぐる理論にとって目新しいことがらであるはずです。

問題は、〈理性〉をめぐる社会的な差し錠、幻想世界と現実原則の邂逅地点であるわけです。文明は、無意識との接続を切られた生《なま》の現実を個人に押しつけるのではない（フロイトは無意識のことを「別の場面」と呼びましたが、それは言葉にしがたいもの、夢とファンタスムにおける「何でもできる」のことです）。文明はフィクションを作り出します。大いなる美的手段を用いて現実の場面、つまり限界が支配し、何でもできるわけではなく、無矛盾律が己の法を告げる場面への通路を開くわけです。社会的な〈理性〉、法律家が携わるこの〈理性〉は、分離を担う審級を内包し、また公準として要請するのですが、この審級はフィクションに支えられるのでなければ存在しない。〈政治〉の劇場的な性格というものがそこで触知されるのです。

わたしたち西洋人、他者を民族学の対象としながら己自身を見つめることはしない西洋人にふさわしい実例があります。わたしたちの眼前で、主権の審級（分離を担う審級）をめぐって国家のプロトモデルである演出が実践されています。ローマのサン・ピエトロ大聖堂で執り行われる教皇の典礼のことです。遠い古代から継承され、ヨーロッパでもっとも古い行政組織が保存してきた絢爛たる権威がテレビでライヴ中継されて、ローマ教皇が観衆に正対して祝福をおこなう様子を見ることができる。

二〇世紀中葉まで、このように観衆に正対することは、典礼学において教皇の特権とされてきました。カトリックにおいては（また正教でもそうですが）、教皇以外の司式者はすべて、伝統的なキリスト教建築の方角配置にしたがって観衆に背を向け、昇る太陽――太古から原因、起源、権力を象るものと考えられた太陽――の方角を向いて祭式をおこなったのです。ということは、ローマ教皇は「キリストの代理人（Vicarius Christi）」たる生きたエンブレムとして機能していることになります（ローマ法において、「**vicarius**」は、主人から財産管理を委託された奴隷を指す言葉でした）。サン・ピエトロ大聖堂という舞台で、教皇は至高の神の代理人として祭式を司り、そのことを基盤に紋章としてのステイタスを獲得する。こうしてわたしたちは紋章学を参照することを促されます。社会レヴェルにおける鏡像性の問題系、また、それが宗教的・政治的な同一性の成立という現象に関連して何を意味するのかを理解しようというなら、紋章学はきわめて興味深い領域です。この問題系は、社会学的な研究によっては捉えられません。わたしは『講義』シリーズの第七巻、『神の政治的欲望』という著作で、一六世紀のスペイン王政によるプロパガンダから採った事例に即して考察をおこないました。[*4] 儀礼の営為にはとてつもなく価値のある教えが隠れているのです。

ローマ教皇をめぐる演出に話を戻します。こうした劇場的なフィクションが含み持つ人類学的な射程に留意しましょう。それは、本来の意味で立法、それも〈理性〉について立

＊4　ここで言及した絵は、以下の著作の表紙に用いた。Pierre Legendre, *Le Désir politique de Dieu. Étude sur les montages de l'État et du Droit*, Paris, Fayard, 1988 [2005]. そこでは聖体の秘蹟の場で王家の者たちが跪き、隔てられた男女の列が両側を囲んでいる。絵の内部に書き込まれたタイトルは「オーストリアの愛の秘蹟（Sacramentum Amoris Austriaci）」というものである。これはエンブレムとしての系譜図なのであって、紋章学のコードに即して、また教会法の定める「左手に妻を、右手に夫を」という伝統に則して読まれなければならない。だが、鏡像における自己像と同じように、観者の側からすると左右は反転することになる。この問題については以下を参照。Pierre Legendre, *L'Inestimable Objet de la transmission. Étude sur le principe généalogique en Occident*, Paris, Fayard, 1985 [2004], p. 378.

法する言説の位置を公的に告げ知らせているのです。より詳細に説明しましょう。ドグマ的構造ということに関連させるなら、規範システムの総体にとって因果系列の遡行をストップさせるものがそこにあるのです。というのも、この言説にはその先がないのですから。この位置にユダヤ教の聖書やクルアーン（コーラン）のような聖なる書物を置いてみるなら同じ審級があることになるでしょう。この位置にトーテムを置いてみるなら同じ論理的な位置があることになるでしょう。最後に、この位置にひとつの抽象物を置いてみましょう。それを儀礼で取り巻いたならば、西洋が国家と呼んでいるものになるはずです。

こうした論理的な土台を出発点とすることで、〈理性〉の問題系の射程が理解できるはずです。そして、もしも、この位置に到来する言説が精神病者の言説――ナチスの言説はその例です――であったならば、それによってひとつの社会の全体がいかにして殺人的な狂気へ雪崩込むことになるのかが理解できるはずです。論理の根底となるのは、内容ではなく空虚な位置、つまり位置そのものとしての位置の演出なのであって、さまざまな言説の内容はひとえにそこへ書き込まれてゆくのだということがわかります。

そのうえで、第三の確認事項とともにひとまず話を締めくくることにします。すなわち、

〈理性〉の問題系がわたしたちに示しているのは、因果的な第三項の支配下にある法律家と法のありさまだということです。

さきほど「国家」という言葉を持ち出して、それは民族学的にはローマ教皇や聖なる書物、トーテムと等価なのだと述べました。こうした文明上の大いなる発明に共通しているのは、それがコミュニケーションを担うものであるということです。「コミュニケーション」という言葉については、それによって神の法と人間の法の関係を言い示したローマの法学者たちと同じ意味で用いています[†4]。つまり、ここで問題にしているコミュニケーションとは、ドグマ的建築を構成する諸々の範域のあいだのそれなのです。

まず、神話のエクリチュールと呼ぶべき範域があります。神話を書くことですね。神学というのは、どのようなものであってもそうした性格を帯びており、つまり〈理性〉の狂える坩堝を手なづけ、飼い馴らしてゆく言説の総体なのです。これらを要約的に「ミトグ

---

†4　とくに『学説彙纂』二・二三・一の定義が念頭に置かれている（「婚姻は男女の結びつきであり、互いに生涯の伴侶となることであり、神の法と人間の法の交わり（divini et humani juris communicatio）である」）。本文では、この「法の交わり」が、ファンタスムを含んだ神話的信憑の次元と、現実原則に貫徹された現世的秩序の分節という意味で理解されている。

ラム」と呼んでおきます。そしてまた、法の範域、つまり決疑論のシステム、法的素材の全体というものがあります（これらを厳密な意味において「ノモグラム」と呼びましょう）。

このように基礎的な（だからまた大づかみな）図式にしたがうなら、教皇や聖なる書物、トーテムや国家が、超越論的な第三項の機能を果たしていることがおわかりになるでしょう。この第三項は他の二項、つまり神話と法を媒介しているのです。さて以下では、〈理性〉をめぐる問題系から規範的なメカニズムへ、つまり先述したふたつの発見の第二のもの、これまた本質的であるもうひとつの発見へ話題を移しましょう。

B　決疑論、あるいはラテン文化が法と呼ぶものを、総体《アンサンブル》としてのドグマ的建築へ統合すること

人間主体の構築と同じように社会の構築においても、規範的なものはいたるところで姿を現します。ただ、その現れのありかたは一様でありません。それが法として結晶化するというのも、規範的なものが現れるについての、あくまで特殊かつ個別のありかたなのです。

理性をめぐる問題系をつうじて腑分けできるようになったことがらを、ここからは組織化をめぐる言葉で言い表してみることにしましょう。中世の実に示唆的な表現を基点とすることにします。「信じるうえでの規則（credendi regula）」と「生きるうえでの規律（praecepta vivendi）」というのがそれです。[†5] さきほど、因果性をめぐる基礎的な図式、つまり極になるふたつの項（神話と法）と超越論的な第三項あるいは端的に（聖書やクルアーン、教皇や国家に割り当てられる）トーテム的な審級――から成る図式を呈示したわけですが、これに照らすとき、右のふたつのことがらは何を意味するのか。規範的なものというのは階層をそなえた概念、あるいはそうした言葉がお好みなら多形的な概念であるけれども、ただし内的な駆動装置、係留装置があって、規範的なものの発現がどのような形を取るにせよ、それは変わらないということです。この駆動装置を描写するにあたって、理論家でもある詩人ポール・ヴァレリーの言葉を借りることにしましょう。実に正鵠を射ているとともに、法律家のみなさんであれば即座に内容を理解できるはずです。すなわち、「世界とその構造の信託にもとづく生」[*5] というのですね。

---

†5　典拠については本書一一頁原註4を参照。

*5　Paul Valéry, « La politique de l'esprit », loc. cit. 本書九頁原註3を参照。

規範的なものにとっての係留点とは、信託――ラテン語ですと「fiducia」となるのですが、これは約束の言葉を神格化した女神フィデス（Fides）に由来しています――、つまり信頼であるわけです。ドグマ的建築、言説の構築、すなわち〈テクスト〉としての社会と関連させるなら、ここでの信頼・信用は言葉を対象としている。言葉の信用とはどのようなものか。こうした問いとともに、わたしたちは、信用を保証するトーテム的な第三項の問題へ立ち戻ることになり、また結果として、規範的なものの重心とは主体と社会にとっての「信託にもとづく生」なのだと考えることができるようになります。

そのうえで、先述した三つの論理的範域に即しながら、規範的なものが発現するにあたっての諸様態を見極めてゆきましょう。

第一の発現様態、すなわち信じるうえでの規則。これは信というものが持つ規範的な機能のことであって、そのアーキタイプとなるのは鏡像的なイメージに対する関係です。鏡に映った己自身のイメージを信じること、そこに異論を挟む余地はありません。同じように、夢のイメージや偶像、神話の語りを信じることにも異論を挟む余地はありません。今日、わたしたちの世俗化された世界に関していえば、広告の展開するイメージや政治的マーケティングの規範上の効果についてもまた異論を挟む余地はありません。そうしたことは、基礎的なドグマ性の領分に属しているわけです。

第二の発現様態、すなわち生きるうえでの規律。これは本質として法的な領域であって、きわめて多様な決疑論的言説の一切を含んでいます。わたしたち西洋人の社会的営為において、これこそが解釈学、また解釈知の領分、そして無矛盾律という原理の名のもとで製造される批判機能の領域となっている。とはいえ、根本的な形での信や信託がそこにないわけではありません。規律、あるいは決疑論的な解釈というものは、言説を保証する審級、つまり言葉の保証者としての第三項への準拠を公準として求めるからです。

そのようにして規範的なものの第三の発現様態、すなわち政治が問題となります。第三項という範域におけるオーケストレーションの機能です。文明のドグマ的建築があるためには、総体《アンサンブル》を成り立たせるオーケストレーションの機能がなくてはならない。つまり信憑の範域と規律の範域を切り離し、同時にそれをコミュニケートさせねばならないのです。したがって、第三項とは、構造における己自身の論理的な位置に発して、媒介と連接をおこなう範域なのだと言えるでしょう。

つまるところ、こうした機能の論理的な位置はオーケストラの指揮者になぞらえることができるのであって、その位置を教皇や聖なる書物、国家、あるいはそれに独特な水準におけるトーテムが占めるわけです。そして、この機能は、一七世紀から一八世紀、バロック期ヨーロッパの権力理論が「ハーモニーあるシステム（systema harmonicum）」と呼んでいた諸エレメントの統合を作り出すために働く。政治、それは古代ギリシャ語の「harmonia」と同様の意味、つまり骨組みにおける継ぎ目や繋ぎ目という意味で捉えられねばなりません。そのようにして、コミュニケーションの審級としての政治は、信憑の範域と法の範域、双方の性質をともに帯びることになるのです。

ここまでのパートの全体を要約してみます。ドグマ的建築をめぐって考察することは、もっとも基礎的な人類学上の与件、つまり人間を種として徴づけている言葉という現象に依拠しながら、社会を言語によるモンタージュ、つまりは〈テクスト〉であると考えることなのでした。以上については従来の著作で何度も繰り返してきました。そうしますと、規範秩序とは、ほかならぬ規範的メッセージのシステム、つまり（ここでは広義の）ノモグラムのシステムなのだと定義することができます。ノモグラムは、規範を構築する三つの論理的契機、すなわち美学と政治と法の契機を統合するコンセプトとなるのです。

第二の段階

新しい章を始めよう
──西洋におけるドグマ的建築はどのようなスタイルを持つのか

「ハーモニーあるシステム」とは、構造を構成する三つのエレメント──つまり創設的なシナリオと呼ぶべき信憑の範域（すなわち神話）、規律の範域（すなわち法）、そして第三項という媒介的な審級である政治──を結びつける一貫性の枠組みのことであったわけですが、それは西洋においてどのようなヴァージョンとともに現れるのでしょうか。

法律家のみなさんに向けて話しているわけなので、講演の導入で述べたことの要点を繰り返しましょう。法律家がある冷厳な伝統の操作者、いや、より正確にはその虜囚であるとするなら、それはいかなる点においてなのか。法はひとつの歴史を語ります。そして、世界におけるあらゆる規律のレジームがそうであるように、系譜的に徴づけられている。

はっきりさせておきます。ここで「系譜」とは何を意味しているのか。バルザックの言葉で答えましょう。少し書き換えましたが、内容には忠実です。「存続するのは個人でなく構造である」[*6]（バルザック自身は「構造」ではなく「事実」と書いています）。「系譜」という語彙のもとでわたしが考察するのは徴《しるし》、つまり存続し、終わりなく伝承される構造の烙印です。何が存続し、終わりなく伝承されるのでしょう。とどのつまりは何が西洋の文化を支えているのでしょうか。わたしからすると、この伝承を明らかにするうえで特権的な意味を持つのが法システム（ヨーロッパ＝アメリカという文化的総体《アンサンブル》における諸国家の法システム）なのです。

時間を遡り、ドグマ的論理の理解という適切な照明をせめて用いることができたなら、いわば隠れた薔薇の壺を探り出すようにひとつの秘密が見えてきます。わたしたちの制度的モンタージュの長い歴史にあって抑圧の対象となっている「キリスト教固有の分裂」のことです。

「分裂（schize）」という言葉に怯まないでください。[†6] たとえば木を割るときのように「裂いて切り離す」ことを意味するギリシャ語の動詞「schizô」から借りた言葉です。いまから、こうした「キリスト教固有の分裂」という概念上の選択の意味、また、ひとつの構造的な徴の歴史、つまりヨーロッパ文明のスタイルを把握するうえで、それがどのような射程を持つのかを説明してゆきましょう。それを踏まえたのち、わたしたちが法を思考し、また実践するうえで、この概念が方法的にどのような帰結をもたらすのか、要点を述べることにします。

A キリスト教固有の分裂 なぜこの概念なのか

a まずは、わたしたちの法の歴史における中心的なエピソードを思い起こしましょう。ラテン・キリスト教が中世においてローマ法に対する株式公開買付（TOB）をおこなったという事実のことです（詳細については註に挙げるわたしの講演を参照してください）。[*7]

＊6 Honoré de Balzac, *Le Cabinet des Antiques* in *La Comédie humaine*, Paris, Gallimard, t. IV (1952), p. 376. バルザックがここで語っているのは寵愛している家族に囲まれている王のことなのだが、この家族は、王が代替わりするたびに変わってゆくのである。

†6 「分裂（schize）」はいわゆる「分裂症（schizophrénie）」のもとになる言葉。ここでは本文で説明されるように語源を経由して用いられている。

教権がそのようにして帝権というローマ的な理念に手をつける巨大な事業を起こしたことを思い起こすのです。この革命こそが、ヨーロッパで生じた諸々の革命の嚆矢なのですが、そこからローマ＝教会法というモニュメントが生み出され（これがわたしの『講義』シリーズ第九巻、『西洋のもうひとつの聖書』の主題です）、さらにこれを「原始スープ」として、現今にあって各国が採用している法システム（コモン・ローと大陸法）が生まれてきました。国家という概念は、教権を戴くキリスト教の名のもとで一二世紀から一三世紀に為された理念と実践をめぐるこのような攪拌作業の派生品なのです。

こうした巨大な掻き混ぜの結果、中世は近代諸制度の坩堝となったわけですが、それはまた、ローマ帝国の崩壊によって西方で開かれた危機的状況の解決でもあった。封建制による無政府状態に対して本当の意味で有意に抗い得た唯一の極であるローマ司教が――ローマ、それは今日に至るまで偶像崇拝の対象となってきたシニフィアンです――、四世紀までは皇帝にのみ許されてきた「大司祭長（Pontifex maximus）」という称号を授かったわけなのですから。

b　さて、こうした歴史展開の論理的な駆動装置となったもの、つまり分裂という点へ話を移しましょう。

ここに、因果性という問題系が系譜上の争点という形でまたしても現れることになります。西洋の系譜というのは、いわば宙づりになっている。西洋はユダヤ＝キリスト教的であると形容されます。聖書と結びついているからですね。しかし、西洋はローマ＝キリスト教的でもあるのです。なぜといって、教権の試みをつうじて西洋はローマ的なもの、そしてローマ法と結びつけられているのですから。西洋は、この双面の〈祖先〉のうちにどのように自身を見出すのでしょうか。

お気づきでしょうけれども、こうした問題は一度も提起されたことがありません。「ユダヤ＝キリスト教的な文化」とは言われても、「ユダヤ＝ローマ＝キリスト教的な文化」とは決して言われないのです。文明における抑圧とはこのように進みます。これについていくらか説明をしなければなりません。文化の内部における法システムの形成を理解するうえで、こうした葛藤の歴史はとても大切だからです。

＊7　Pierre Legendre, *La Balafre. Discours à de jeunes étudiants sur la science et l'ignorance*, Paris, Mille et une nuits, 2007〔橋本一径訳、以文社、近刊〕.「株式公開買付」という法的メタファーについては以下を参照。Ibid., p. 30 *sq*.

キリスト教というのは、そもそもユダヤ教の一分派であったわけですが、その解釈学からは縁を切った。パウロの書翰をお読みになればわかりますが、[†7]それはトーラーの主たる要素、より正確に社会規則、規律に関する要素を斥けたわけですね。言い換えると、福音書と使徒にまつわる文書〔新約聖書〕は、モーセの法と呼ばれる規範の伝統に依拠していたにもかかわらず、それを相対化するものだった。救い主イエスが書物それ自体――中世の表現では「書物そのもの（Liber ipse）」――となるのであって、福音書はかれの約束、そしてまた神の新しい約束なのだ、というわけです。こうした事情を踏まえるなら、キリスト教は脱ユダヤ化されたユダヤ教なのであり、その始まりにおいて、社会規則を欠いた一神教として姿を現したのだということになるでしょう。

そうなると、キリスト教は自分に欠けていた社会規則、つまり己を文明として構成・確立し、拡大してゆくのに必要な規律をどこで見つけたのでしょうか。ローマ法のなかに見つけたのです。ローマ法は当時、蛮族の侵攻によって帝国が消滅していた西方にあって、いわば持ち主のない財のようになっていた。そのローマ法が、まずはキリスト教にとっての法的理性――「書かれた理性（Ratio scripta）」――となり、ついで時代が降るにしたがい、世俗化・脱宗教化の動きに即して端的な法的理性の中核になってゆきました。けれども、それはどのような論理的基礎にもとづいてのことであったのか。事後に持ち込まれたこの部品——異教の文明が組み上げたローマ法なるもの——は、いかにして総体《アンサンブル》としてのドグマ的建築に統合されたのでしょう。

　ことがらを注意深く眺め、西洋の法学者の働きとトーラーやクルアーンの解釈者の働きとを比べてみましょう。ラビ、またクルアーンの解釈者にとって、社会規則や規律は聖なるテクスト、またその創設神話から切り離せないものとしてあります。創設神話というのは原則からして不変のものですが、解釈者たちによる媒介をつうじて社会規則を導きます。けれども、キリスト教から受け継がれた西洋のドグマ的建築における法律家にとって、規則のコーパス、つまり規律の範域、法的ノモグラムは不変の創設神話に依拠しているわけではない。あるいは中世の伝統的な物言いにしたがうなら、不変であるような「信じるうえでの規則」に依拠しているわけではない。西洋において、社会規則は時間とともに変化するもの、つまり不安定なもの、さらには応変性のものなのです（翻って、ローマに由来する法的概念の培養池は、政治的、社会的、その他さまざまの変動につれて嵩を増しなが

---

†7　たとえば「ローマの信徒への手紙」、なかでも次の一節などを参照。「なぜなら、わたしたちは、ひとが義とされるのは律法を為すことによるのではなく、信仰によると考えるからです」（三・二八）。

ら、一定のものとして留まっていました)。

この応変性(labilité)という概念に留まってみましょう。これはどういうことなのか。ある神話を別の神話で置き換えてみます。たとえば、神学の代わりに一八世紀からこのかたイデオロギーと呼ばれるものを置いてみることができます。それによって法律家の解釈システムが破壊されるわけではない。それはある意味で自律的なしかたで固有の生を生きていて、テクニカルな概念は受け継がれ、打ち上げられたとおりの軌道を描いてゆきます。分裂というのはまさにこれ、一言でまとめるなら、範域と範域のあいだ、つまり「信じるうえでの規則」と「生きるうえでの規律」が切り離されているということなのです。変異しやすい規範構造の成立に向かう歴史的な展開の基盤となったのはこうしたことだったのです。

さらに説明を加えておきましょう。こうした断絶線ないし分裂は、かくも壮大な西洋の法的モニュメントのうちにあって、それと眼に見えているわけではもちろんありません。けれども、このモニュメントは一個のオリジナルなまとまり、つまり分割できないコーパスとして作られたのでは決してないわけですから、やはりその影響を被りつづけている。こうした内的な緊張を証し立てるのは、西洋文化が絶え間なく正統性なるものを追い求めているという事実です。

B　キリスト教固有の分裂、この西洋文化にとっての刻印は、わたしたちが法を思考し、また実践するうえで、方法的にどのような帰結をもたらすのか。

右の点に触れて話を終えるにあたって、いくつかの明示的な個別事象、すなわち、歴史をつうじて、俗に言うごとく「降っても晴れても」作動してきた事象を取り上げたいと思います。

構造のフレキシビリティ、極端なまでの柔軟性、右で述べたキリスト教固有の分裂に起因するこうした変形の力、それこそが西欧の天才的な創意の源にあるというのは確かだと思われます。しかし、その裏面もあって、冷たい言説が到来し、今日では科学への信仰がそれを包んでいます。この点について、いくつかの懸念すべき徴候を挙げなければなりません。

第一の徴候として、創設シナリオへの紐帯が不安定化した結果、正統性の原則が恣意に委ねられるものとなりました。そこから、規範のセルフサーヴィスというイデオロギー、そして主体と社会を解体するさまざまな営為が生み出され、法律家は現今の西洋原理主義によって、そうしたものを後押しさせられるはめに陥っています。

第二の徴候として、キリスト教固有の分裂に起因して範域相互が切り離された結果、法的範域――それまで歴史的には、技術性の原則の大いなる担い手であるローマ法に服属していた範域なのですが――の孤立にとって有利な条件が生まれました。こうした範域相互の切り離しが事態の進展プロセスに与えた影響は決定的なものです。実証主義的な考えが普及し、社会組織は調整という技術的な評価基準に対応するものとなって、結果、法律家はエンジニアになるというわけです（社会学が論じる社会エンジニアリングを考えてください）。

第三の徴候は、わたしたちの制度が抽象化に蝕まれているということです。エルンスト・ユンガーの『日記』に借りたこの批判的な指摘とともに、講演を閉じましょう。わたしとしてはただ、今日の法律家は自身の知に騙されつつあるのではないか、と付け加えておきます。法律家は、全面化した抽象化傾向の代価をそのように支払う一方で、主体と文明の構造的な相互帰属を検討するための力を失っているのです。[*8]

＊8 「〔ヒムラーという〕事例には、抽象化の進展という悪が、わたしたちの制度をどれほど蝕んだのかが現れている」(Ernst Jünger, *Journaux de guerre, II (1933-1948)*, Paris, Gallimard, 2008)。この指摘は、ナチス・ドイツに留まらず、近代の過剰な組織化が現出させた形式主義的な世界にもあてはまるものだ。

附録

フランソワ・ジェニーからレイモン・サレイユへの書翰

この第一講演の冒頭で言及した書翰は、法という問題へのアプローチや、学問研究の方法改革を訴える喧しい議論（これは今日では法学という分野を超えた問いであるが）への批判としてなおアクチュアルなものであり、注目に値する。フランソワ・ジェニー（一八六一－一九五九年）は当時、ディジョン大学の法学教授であった。単なる法文釈義に依拠した解釈のありかたを批判した著作でとくに名高い。レイモン・サレイユ（一八五五－一九一二年）はパリ大学の法学部で教えていた。かれの名高い著書『刑罰の個別化』は一八九八年に出版されたのち、一九〇八年、二〇〇一年に再版された。[†1]

＊

ディジョン　一八九八年六月一一日

親愛なる友よ

ほぼ二週間前にご親切にもお送りくださったご著書『刑罰の個別化』について、まだお礼を申し上げていなかったことにすっかり狼狽しております。ただ、それも、ご著書についてお手紙する前にきちんと読了しておきたいと思ったからなのです。当座の多忙のせいで（とはいえ、大変ありがたいことに、三週間後にはそれも終わることが見えてきたのですが）、拝読するのに短く細切れの時間をしか割くことができずにいました。しかし、こうした事情をそれほど残念に思っているわけでもありません。ご著書がそうあるように考え抜かれた書物、そして、全体として組み合わせねばならない多様な考えを呼び覚ましながら、その目的の統一を見失わずにいる書物というのは、いわば少しずつ口に運んで玩味されてこそ、多くをもたらすものだと考えるからです。

---

†1　Raymond Saleilles, *L'Individualisation de la peine. Étude de criminalité sociale* [1898], Paris, Érès, 2001 [réédition suivie de Reynald Ottenhof (sous la direction de), *L'indivdualisation de la peine : cent ans après Saleilles*].

そしてまたはっきりしているのは、読了してみて、わたくしは深く感動すると同時に、すっかり目が眩むようだということです。あなたがわたしに示してくださったのは、ひとつの新しい世界、あるいは、そうしたものがあるなどとは、ほとんど考えられもしなかった世界です。何にもまして感嘆したのは、ご本に強く息づく哲学的・社会学的な思索であって、それこそがご本を、ただ法学に特化し、そればかりを主題として論じた本とはきっぱり別物にしています。わたしたちの学問分野の、およそすべての部門で、こうした類の本が複数あったならば、そこに見出されるでしょう自然な対照によって、生きた源泉から切り離された法律家の精神的虚無が、また、この精神をそうした源泉に立ち戻らせることで与えられる活力が示されるはずです。あなたがご著書を一般向けの概説と呼んでいるのは、ただ、わたしたちの誰しもが、これらのことがらをあなたから教えてもらわねばならないことを言わんがためにほかならないのでしょう。それらは実に深く忘却されていたわけですから。しかしそもそも、わたしたちがそれらをはっきり弁えていたことなどあったのでしょうか。明白なのは、あなたが今回わたしたちに示されたように、かくも活き活きとした思考の精彩、人の性《さが》にまつわる問題を照らし出す無数の心理学上のニュアンス、そしてまた、どんな学説の影響からも離れて生の現実に根づきながら呈示された解決策の明確さ、そうしたものとともにことがらが理解されたことはなかったということです。わたしが何より感謝を捧げたいのはこのことであって、とりわけご著書の第六章で、精神的な意味での責任と社会的完成という実に進歩的な概念とをいかにして調和させ得るのかを示してくださった点についてなのです。告白しましょう、刑法の領域ではすでにして実に確固たるものとなった思想の運動を目の当たりにして、わたしは幾許かの嫉妬を覚えざるを得なかった。わたしたちの私法の領域では、すべてが退嬰に陥っている、というのでなければ停滞しているのですからね。

このことは、経済に関するもっとも確実とされた所見から引き出されるものをさえ麻痺させるところがあります。商取引に関する例の博士論文（教えてくださったことをとても感謝しています）についてご指摘なさっているとおりです。けれども、告白するなら、あなたがこの論文についてとりわけひどいとお考えになったように見受けられる点には、情状酌量の余地がずいぶんありはしないかと述べたい気持ちに駆られます。なぜといって、わたしたちの学派の教育は、その出身者に生きることの意味、そして実践の意味を与えていないのですから。自分たちがその専門家なのだと声高に称する方法的厳密さを、かれらはそこに認めているのだろうかとさえ問いたい気持ちになる。おそらく少し前からのことですが、およそあらゆるところで、もはや旧弊な枠組みにしがみついているわけにはいかない、新しい手法が必要だといったことが言われています。ただ、わたしがひどく怖れているのは、改革なるものを口実にしながら、目下のところ、ひとは方法上の無政府状態へ向かいつつあるのではないかということです。この動きを仔細に追跡してみるよう努めてからしばらくになりますが、わたしの眼にまずもって映じるのは、思想の一大混乱です。それは極端なまでの奇矯と一貫性の欠如へ逢着している。逆にいくらかの秩序を遅滞なくもたらすことさえできたなら、問題の運動はむしろ流産させられるのかもしれません。それまでのあいだ、さしあたりは、新しい生のなお執拗な暗闇のうちで、旧い灯台を凝視し、かりそめに自身の舵取りをつづけているひとびとについて、許してやるべきだと思うのです。

少しちがう言い方だったと思いますが、昨日に面会したベルタンにも同じ内容のことを話しました。幸いにも、かれは去年の計画をやり直す準備がすっかりできているようです。かれが、骨組みのしっかりした一連の研究、そして、できるならばの話ですが、きちんと定まった目標に向けた総合的な訓練となるような研究を視野に収めてほしいと考えていたのです。残念なことに、かれの対手としてのわたしは、ひどくばらばらな、まだ不完全で明確な結論の出ていない断片を提供することしかできません。そのようなものであっても、かれが使えるならと思って提供したわけです。かれが出版社からどんな返事がもらえるかはわからないのですが、きっとあなたの方が早く報せを受け取ることでしょう。

デランド［?］が、あなたはごく最近の懸案から抜け出されたと話してくれました。どうかこの二ヶ月、あなたの力を徒に費されることなく、休暇のあいだはすっかりご休息を取られますように。

こちらはといえば、復活祭休暇のおかげで当座はなんとかやっています。子供たちはひどい気管支炎に罹って手を焼きましたが、それも一週間前に終わり、すっかり快復しました。とはいえ、おちびどものために空気を変えてやらねばなりませんから、妻は、もうすぐだと思います、ニエーヴルに発つことになっています。今月二五日あたりになるでしょうか。

サレイユ夫人へ心よりの敬意を、妻からの気持ちとともにお伝えください。すばらしいご著書をお送りくださったことに重ねてお礼を申し上げます。そしてまた改めて、あなたを敬愛する友より心からの友情の挨拶をお送りします。

Fr・ジェニー

第二講演　解釈という命法

「解釈者の文明　ピエール・ルジャンドルの仕事をめぐって」

ルクセンブルク大学

二〇〇九年一一月

「解釈者の文明（Civilisation de l'interprète）」に関する今回の討議に参加するようお招きを頂いた当初、戸惑いを覚えるものがありました。「解釈する（interpréter）」というこの雄大な言葉、それひとつであらゆる知を包含するかに思われる言葉を前にして、考えがこんがらがったわけです。

「雄大な言葉」と口にしたのは、人間が現に存していることを規定するさまざまな営為、意識されていたりそうでなかったりする営為の抱える深淵がそこに含意されているからです。ですから、当初は、このささやかな講演のタイトルに中断符を添えて「解釈するなら……」としていました。わたしの困惑、詩人アルチュール・ランボーの表現を借りるなら

「数々の眩暈を定着する」(「錯乱II　言葉の錬金術」)にあたっての困惑を未来の聴衆であるみなさんに伝えようと思ったのです。けれども、やがて気持ちを取り直しました。そうして、今日のわたくしの考察を「解釈という命法」という落ち着いた表題のもとに置くことにしました。なぜこのタイトルなのでしょうか。

ある逸話でお答えしようと思います。近代ギリシャの影絵芝居から借りたものです。オスマン帝国の支配下にあった時代に始められたもので、大変に人気があります。

中心人物はカラギョージという名で、機転が利き、純朴を装いながら、お偉方に対して巧みに立ち回ってみせます。三人の息子がいるのですが、末っ子はいつでも父親につきまとっているので、「糊」という意味のコリティリスという名前がついています。

カラギョージは子供たちに身の処し方を教えている。あるとき末っ子に金を渡し、これで女を買ってこいと言います。コリティリスはいたずら好きで父親と同じように目端が利くので、金はちょろまかして、祖母を誘惑する。ただで済んだわけですね。一件を知って父親は怒ります。「情けないガキだ！　お前の父さんの母さん、わしの母さんなんだぞ！」するとコリティリスはこう応じる。「そう？　父さんだってぼくの母さんと同じことをしたんだろ」[*1]。

えぐみのある話ですが、偉大な文学というべきです。こうした文学のおかげで、わたしたちは言葉のヴェールへ踏み込むこと、つまりは、厳密な規則のもとにあるゲーム――系譜のゲーム――をつうじて人間が世界を己のものとし、生き、みずからを再生産するために必要な仮面を意識に上らせることができるようになる。世界の系譜秩序というこのゲームの規則の厳密さ、それは、物質の原子核と同様なのであり、わたしたちはそれによって、言語の働きの法と呼び得るもの、しかしまた同時に表象の生の論理、主体の構築、あるいは文化の建築とも呼び得るものを考えるよう促される。「解釈という命法」は人間の条件のこうした諸側面すべてを集約した表現であるわけです。

わたしがドグマ人類学と名づけた学問領野が公準とするのは次のような認識です。すなわち、言語というステイタスの首位権を認識し、またそれが種差を与え、話す生き物に消しがたい徴を与え、つまり言語の働きによって人間と世界を謎に仕立てるのだということ。こうした徴づけから、知がたどる無限に多様な道程の一切、言い換えれば「解釈する」

＊1　この逸話は次の作品で語られている。Marguerite Yourcenar, « En pèlerin et en étranger », *Essais et mémoires*, Paris, Gallimard, 1991, p. 433-434. ギリシャではこうした影絵芝居が今日でも盛んで、創意に満ちた作品を生み出している。

と呼ばれるものの一切が生じてきます。カラギョージの逸話はパラダイムとしての価値を持っている。人間という種にとっての生の核心にある謎、近親姦の禁止という謎を鋭く呈示しているのです。わたしたちの笑いはここでいったいどのような知と響き合っているのでしょうか。息子にいっぱい喰わされた父を前にして、わたしたちは笑います。その笑いは防御的なものです。わたしたちは侵犯者の勝利を前にして笑う。でもなぜでしょう。その理由を知っているでしょうか。真実を言って、答えは否です。カラギョージと「糊」を己の名とする息子のマリオネットをつうじた会話は、「なぜ？」の深淵をわたしたちに開いたわけです。

なぜ禁止が？　なぜさまざまの法が？　こうしてわたしたちは現今にあって枠づけされた学問知の境界に立ちます。別のレヴェル、人間のドグマ的な組織化というレヴェルに立つわけです。ドグマ的構造についての知、話す生き物それ自体についての知、すなわち主観的かつ社会的にあるという現存のふたつのモードにおける話す生き物についての知の領域です。このようにして地平が変わります。言葉という現象が出発点となり、言説、言説の構築、そして文字と言葉の絡み合い――『ソピステス』（二五三a以下）で言われる「交わり（koinônia）」――が問題となるわけです。やはりプラトン（『クラテュロス』四

○八a）による別の譬喩を用いるなら、それは、仕組み、作り、発明する（ギリシャ語なら「méchanaomai」）技倆《わざ》、伝令の神であり演説の発明者であるヘルメスの権能に結びついた技倆ということになります。

近代的なタームで言い直せば、いまこそ人間と社会の解釈学《ヘルメス》的な構築というものを理解し、首尾一貫して筋の通った問いかけの方途を探らねばなりません。踏み出すべき一歩、それは、社会科学や人文科学、経営科学を荒廃させている実証主義に明確な意識とともに背を向け、きっぱり、そう、きっぱりと「文化の進展は個人の進展に類似し、同じ手段によって為される」[†1]のだと考えることです。フロイトのこの言葉はわたしの羅針盤となっています。こうした展望のもとにあって、社会、あらゆる社会は、それぞれひとつの〈テクスト〉として考察され、また考究されるべきものとなる。

学識篤く、またわたしの提案に注意を払ってくださるみなさんがお集まりになったことを奇貨として、「解釈という命法」という言葉、この会議への招待によって示唆された言葉について考察を深めてゆきたいと思います。この主題をめぐって論じるにあたり、人類

†1　フロイト『文化における居心地の悪さ』八（GW, XIV, p. 504）。

の全体が解釈という命法に服しているのは、人類が言語の働きによる己の再生産に従属しているからだということを念頭に置いておきます。そこにこそ文明の諸連環というものが、ヨーロッパ＝アメリカ社会にとっても、わたしたちとは異質の社会にとっても同じように拘束的な力を帯びたものとしてある。

この「解釈という命法」というテーマから導かれる問いはさまざまですが、ここではふたつの段階に絞って論じてゆくつもりです。

第一の段階

解釈という命法はいかなる論理上の要請に応えているのか

まずもって次のことです。「解釈する（interpréter）」という言葉は何を言っているのか。この言葉を用いることで、ヨーロッパ諸言語は、媒介者、中継者、つまりふたつの立場のあいだで働く者という古代ローマの観念を取り入れています。ラテン語の「interpres」の第一の意味は実際そのようなものであって、取引における媒介者、つまり価格（pretium）という手立てによって財（res）の交換を司る商人を指しているのです。[†2] そこから、すぐさま翻訳者という観念が引き出されます。ふたつの言語を媒介する者というわけですね。さらにまた、法を説明して教える者、あるいは裁判で議論を組み立てる者といったことが意

†2　たとえば以下を参照。Émile Benveniste, *Le Vocabulaire des institutions indo-européennes*, Paris, Seuil, 2 vol., 1969, t. I, p. 140.

味されます。

こうした語源的な連なりにあって本質的なのは、接頭辞「inter-」です。文字どおりには「あいだに」、「真ん中に」といった意味であり、二者のあいだということ、ふたつの項の隔たりを示し、そこからまた、このふたつの項が共存するのに必要な機能を指しています。このような繋ぎ留め、隔りであると同時に機能でもあるという二重のステイタスのもとで第三項として機能する繋ぎ目。それがわたしたちの関心の対象です。というのもそれによって、解釈学的なモンタージュ、つまり主体と社会にとっての解釈システムを検討するための道筋が開かれるのですから。

たどるべき道筋をいわばマッピングするには、到達点を先取りしてみればよい。アフォリズム的に要約するなら、「解釈という命法、それは構造における第三項の命法である」ということになります。ラテン語「interpres」の意味論的な構成――それはまたフランス語の「解釈者（interprète）」によっても反復されているわけですが――における「inter-」、つまり「二者のあいだ」を問題化する際に大切なのは、言語の働きという法、すなわち、それなくしては話す生き物が端的に存在しなくなるフォース・カードを理解する、ということです。

以上のことから、次の指摘が導かれます。

A　第一の指摘

最初の指摘は一般的なものです。言語の働きということを出発点にしていますから、まずはこれについて基礎的な所見を示しておきましょう。すなわち、言語の働きは物質性を非物質化するのであり、そのことによってまた否定的なものの水準を作り出すのだ、と。人間の言語はひとつの分離を生み出すのです。そこには隔たり、つまり亀裂に等しい何か、一個の非連続性が含意されていて、ラテン語で文字どおりに「裂けてあること」を意味する「hiatus」という言葉はそのことを実に巧みに表現しています。

この「裂け目」という譬喩がいわんとしているのは、人間は、世界の事物へ直接に、つまり純粋に動物的ないし感覚的なしかたでアクセスすることはできないということです。人間が世界と結びつくには、空虚、あるいは空虚な場面の働きが必要なのです。この空虚には言葉が棲まっていて、（映画を念頭に置きながら）それを「言葉のスクリーン」と呼ぶのもふさわしいことでしょう。世界はそのようにして表象となります。

こうした所見から引き出されるもっとも大切な帰結は、一方に言語の働きがあり、他方に物の世界があるわけではないということです。人間にとって、あらゆる関係、あらゆる紐帯は、言語の働きの内部で練り上げられ、繰り広げられるのであって、この働きはシグナルによるコミュニケーションにも、神経システムによる生理化学的な反応にも還元されはしない。世界の外在性というのは構築されたものなのです。それは、人間にとって、表象の生に書き込まれたものとしてしかありえない。あるいは、舞台として作り上げられているのだと言ってもよいでしょう。

「舞台」と述べますと表象という審級が思い浮かべられるわけですが、これを具体的にすべく、マックス・エルンスト――のちほど、かれのコラージュ作品にも言及します――から、この場にふさわしい表現を借りておきます。ここで考察の対象とするのは「視界の内部」なのだ、と。

B　第二の指摘　言語の三項論理、ならびに分割された主体という仄暗い問いについて

タルムードによる註釈は「人間とは何か」という問いを反転させて、「人間とは「何か?」である」という定義を作り出しました。[†3] 語り得るものの限界ということ、そして人間には第三項を盾として己自身の分割に立ち向かう必要があるということをこれほどよく告げた言葉はありません。「盾（egide）」と述べたのは、ゼウスの盾アイギス（Aigis）を念頭に置いた譬喩的な意味においてのことです。[†4] それはつまり、あらゆる形における技倆《わざ》ということなのであって、西洋にとっては、哲学するという技倆、また、正邪を弁別するという法の技倆もそこに含まれています。

「何か?」というのは、謎、つまり仄暗いしかたで語るという構造的な問いであり、ソポクレスの『オイディプス』によってひとつのパラダイムにまで高められたわけですが、その問いの次元を見失ってしまったらどうなるでしょう。主体と自己自身、そして世界との結び合わせは、「動物園めいた」と言いたくなるような管理の問題へ還元されてしまい、第三項をめぐる問題系がほどけてしまうことになります。ですから、問いかけのうちに入

---

†3　タルムード、フリン八九 a が念頭にある。詳細は以下を参照。Pierre Legendre, *L'Inestimable Objet de la transmission, op. cit.*, p. 76.

†4　ヘファイストスによって作られ、ゼウスが娘であるアテナに与えたとされる盾。攻守両面の機能を持つ。ここでは、人間界のさまざまなレヴェルで結合と分離の機能を同時に担う第三項の両義性をメタファー的に示すものとして用いられている。

る主体は、三項性についての二重の経験を経由するのだという点に注意を促しておきましょう。鏡像の経験と言葉の経験です。これらふたつは切り離せないものなのですが、理論的な分析のためにここでは区別して論じることにします。

a　鏡像性について、そのアーキタイプを取り上げてみましょう。鏡の場面に対する主体の関係のことです。己自身のイメージをつうじて他性を発見することで、話す動物はフィクションの無限、また実に的を得て「反射（réflexion）」と呼ばれているものの無限、さらには自己と世界の対話という驚異へ開かれることになります。構造的な結び目に関する本質的な点を銘記しておきます。こうした自己と他者の発見、他者としての自己――自己の内部にいる他者――の発見は、必然として第三項の現前を経由するのです。ここで第三項となっているのは鏡そのもの、イメージを反射する表面である鏡、けれどもまた主体に先行し、鏡の場面への主体によるアクセスを司る眼差しと言説である鏡の現前です。このように、鏡は主体の手には届かない規範的な審級を現前させるわけです。

b　今度は、主体が言語記号を使用するという事実をつうじて言葉の経験を考えてみましょう。言語記号つまり言葉を用いることによって、主体は世界との、より正確には世界の他性との紐帯を構築します。それはやはり対話ということを意味しているわけですが、もはや自己自身との対話ではなく、世界という対象との対話です。宗教の起源をめぐる西洋の思考はこの肝要事を見誤っているのですが、これについてはエルンストのコラージュ作品に絡めながらのちほど改めて立ち戻ることにします。

さしあたり指摘しておきたいのは、記号の三項構造という点であって、これについてはソシュールがみごとに図式化をしています。概念と聴覚記号、つまりシニフィエとシニフィアンのあいだに必要なる紐帯があるというのですね。[†5] ソシュールの図式で、この必要なる紐帯、まさにこの関係は二項のあいだの分離線に支えられていて、それはいわば「inter-」の機能、つまり解釈学的な媒介者を示しています。言葉の主体はこうして意味の負債、第三項が差配する債務関係にしたがうことになる。言語の合法主義の源泉がここにあります。こうした「意味の合法性」によってこそ、人間のあいだのコミュニケーション、

†5　字義どおりには『一般言語学講義』の聴講ノートに現れる。以下を参照。Ferdinand de Saussure, *Cours de linguistique générale*, Wiesbaden, Harrassowitz, t. I (1968), p. 272. 普及版『講義』での該当箇所は以下。*Cours de linguistique générale*, Paris, Payot, 1972, p. 166.

そしてまた世界という対象、つまり他性の形象となった世界との対話が成立するのですから。

ここまでの話を締め括るにあたって、反射性と言語は切り離しがたいものであることを強調しておきましょう。同じ論理が作動しているのです。人間は世界の謎に問いかけ、世界の他性を探ります。人間は不安とともに己を眺める者、そして鏡のおかげで、つまり己を切り離すもののおかげで己を見る者だからです。

第二の段階

三項論理を考慮することで、人類学分野の研究に携わる諸学問にどのような展望が開かれるのか

ここでもまた、ふたつの指摘をしておきたいと思います。

A　第一の指摘　規範原理としての第三項について、すなわち第三項が持つ差異化の権力、あるいは差別化の機能について

わたしたちはここで、人間と社会の解釈学的な構築という複雑なレヴェルに達します。わたしは中世の著作家を勉強してきたわけですが、七世紀のひとであるセビリアのイシドルスの言葉にはひさしい以前から感銘を受けてきました。かれは、古代の文化をスコラの

法律家たちに伝えて名高い人物ですけれども、アリストテレスの命題を自分なりに要約して次のように述べています（『語源論』二・二七・二）。逐語的に訳しますと、「考えられたことがらを言い表すことはおしなべて精神を解釈することである（Omnis elocutio conceptae rei mentis interpres est）」。端的に、話すこととは解釈することだというのですね。このイシドロスのテクストは、言語の働きとは「第一の制度」であるというソシュールのもうひとつの言葉[†6]の威力を掴むうえでの助けとなりました。

そこから出発することで、制度性の次元、権力――文化を構成するモンタージュの中核にあって差異化を制定する権力――の位置あるいは機能という概念を導き入れながら、第三項という問題系を一般化することができるようになります。こうしたモンタージュは、さまざまな言説のアサンブラージュから成っていて、究極的には、それが〈テクスト〉、わたしたちが社会だとか文明、文化と呼ぶものを構成している。そして、言説のアサンブラージュについて語り、〈テクスト〉という概念を呼び込み、それによって言語という領野を持ち出すことは、言語の働きとは規範的なものであり、その法がフォース・カードとしてわたしたちを統治していると考えることなのです。

「規範的」という言葉はラテン語の「norma」に由来しています。それは元来「直角定規」を意味していました。幾何学と同様に不変の原理を持ち、その帰結が不可避であるような論理の厳密さが意味されているわけです。

以上の指摘から、ここでの規範原理が隔たり、ある空虚な場面、つまりひとつの位置に内属した権力、構造における第三項の位置ないし機能をめぐる問題系に関連していることがわかります。以下では、第三項の機能というこの概念を明らかにし、詳しく説明することにしましょう。

論じるべきは、系譜秩序という普遍的な拘束のことです。これこそは文化の規範的な核、すでに述べたように原子核とも形容すべきものなのですが、なぜ原子核なのかといえば、それが〈理性〉原理を内蔵しており、したがって、表象の生、ひいては社会的現実における因果性への関係を構成するさまざまな階層に関わっているからです。この規範的な核が課題としているのは主体を差異化し、かつまた、社会的な言説、文明化の言説をつうじて、系譜的に組織立てられた世界を維持するということです。いったい何が問題になっている

---

†6　表現として文字どおりに現れるわけではないが、制度としての言語の特異かつ根源的な地位を論じた以下の箇所（標準版）を参照。Ferdinand de Saussure, *Cours de linguistique générale*, *op. cit.*, p. 27, 33, 107-108, 110.

のでしょうか。

それは、同一性ということ、つまり主体の水準において、また文明という領域において、他者を同定する、そして己を同定するということです。こうした概念を理解するには、別の概念、とりわけて分離する権力、差異化する権力、差別化の機能といった概念を持ち出すことが必要です。そして、わたしたち理論家としては、三項機能を盾として（すでに述べたようにゼウスの盾アイギスを念頭に置いてこの語を用いています）、その守護とオーケストレーションのもと、同一性と他性の紐帯がいかにして結ばれるのかを把握しなければなりません。

そのようにして、わたしたちは人類学をめぐる具体的な問題、制度性の営為という領域へ立ち入るわけです。それは単に主体と家族のレヴェルにあるのではなくて、表象の論理の結果として、西洋人が宗教的と呼んでいるものを含めた社会と政治のレヴェルにある。このふたつのレヴェルのそれぞれについて、何が三つの項を構成するのかを明らかにしながら、構造の機能がいかなるものであるかを指摘してゆきましょう。

第一のレヴェル、すなわち家族というモンタージュにおける主体について。何が三つの項となっているのでしょうか。ここでは列挙するに留めます。一方に、夢とファンタスムの（したがって無意識を含んだ）場面、つまり「何でもできる」の場面があり、他方に、社会化されて現実原則が支配する場面があります。さらに、この二者の中間にあるのは、差異化する権力の機能、隔たりを保証する第三項、西洋においては母の彼方にいる父に割り当てられた構造的な位置です。

第二のレヴェル、すなわち文化――フロイトの言葉を借りるなら「個人の進展と同じ手段によって働く」という文化――のレヴェルについて。ここでも三つの項を列挙するに留めましょう。一方に、神話の語りをつうじた文化における「何でもできる」が劇場化されてあります。この神話は具体的な形象をともなうこともあれば、テクノサイエンス経済の時代における西洋でそうあるように形象をともなわない場合もある。そして他方に、あらゆる領域におけるテクニカルな実践と決疑論という社会的場面があります。この二者の中間にあるのは、差異化する権力のトーテム的機能であって、この機能は西洋においては国家に帰せられるわけですが、親子間の継承関係、ならびに母性と父性の機能の制度化をつうじて、系譜的〈理性〉を保証する審級となります。第三項としての国家の政治的位置は、構造的に見てトーテムの位置になぞらえるべきものなのだということを強調しておきましょう。

B　第二の指摘　すなわち語り得るものの限界、ならびに神話、儀礼、芸術による三項構造の劇場化について

マックス・エルンストの回顧展で展示されていたコラージュから着想を得たままに話します。《第二の眼に見える詩》と題されたこの作品（図版二）は、《視界の内部　三つの眼に見える詩》と題された連作のひとつです。[*2]

ドグマ人類学という企てが人間の思考へのアプローチの更新に寄与するのだとすれば、それは、この企てが思考にとっての仄暗い源泉の力と恒常性をしかと見据えるものだからです。精神分析が手をつけたこのような源泉を、わたしとしては「〈理性〉の狂える坩堝」と呼びたい。仄暗いもの、語り得ないもの、それが言葉への道筋を自身に対して開くには、神話や儀礼、また芸術の練り上げを介すること、一言でまとめれば美学的なものを介すること、つまり仄暗いもの、語り得ないものを（合理的にでも科学的にでもなく）感性的に把握することを経由する必要があります。

社会的な解釈システムにおいてもっとも根底的なレヴェル、けれどもまた考察するのが

もっとも困難なレヴェルがここにあります。このレヴェルにあってこそ、第三項は構造における中継者としての機能を果たすべく呼び求められる。そして第三項は、この機能を劇場的なモードによって果たすのであり、それによって、エルンスト作品のタイトルを移し替えて言えば、文化における「眼に見える詩」、つまり、ある社会で法を成すもの、「創設的準拠」とわたしが呼ぶものにとっての美的なモンタージュとなるのです。

具体的に、美術館や展覧会は、今日にあってひとつの権力、つまり示すという権力を行使しています。そのようにして、イメージを示すという営為、社会という舞台装置にとって太古からの素材となってきた仄暗いもの、語り得ないものへの文明的な紐帯を培う営為に加わっているのです（広告もまた、倒錯のうちにあってさえ、こうした営為や権力によって支えられています）。マックス・エルンスト、またシュルレアリストたちは、こうした解釈学的な経験を、いうなれば「皿に盛って」呈示してくれている。エルンストは大切なことを教えています。一九三一年に制作された前述の作品について、わたしの友人

＊2　以下を参照。*Une semaine de bonté. Les collages originaux* (sous la direction de Werner Spies), Paris, Musée d'Orsay, 2009, p. 313. 展覧会は二〇〇八年にウィーン、ブリュール、ハンブルクで、また二〇〇九年にマドリッドとパリで開催された。

ヴェルナー・スピースが述べていることを借用、かつまた拡大して言えば、それらのコラージュは「当時に優勢であった実証主義と現実性についての思考に対する解毒剤」となっているのです。この判断はわたしたちの現在にもあてはまるでしょう。*3

《第二の眼に見える詩》の背景には明らかに西洋における一神教的な準拠のモンタージュがあります。このコラージュはサイレント映画から切り取られたワン・ショットのようです。そしてまさにそのことによって、つまり雄弁な沈黙によって、実に的確に己自身を言い表している。というのも、逆説的なことに、暗く虚ろな背景の上で言葉なきイメージが演出しているのは言葉の論理なのですから。

この《眼に見える詩》という少しくアイロニカルなモンタージュを仔細に見つめてみましょう。夜空を背景としながら、笑う神の顔が（月か太陽のように）輝いています。一方、画面下部の地上では、神のものかもしれませんし人間のものかもしれませんが、優美な手が本の上へ水平に置かれている。この本が西洋にとっての聖なる書物、聖書であることは誰しもが認めるでしょう。

歴史的な展望からするなら、このコラージュは神学の伝統の一切を顚倒していると言うべきところです。といってまた、そこにあるのは、かつての異端的ヴィジョン、たとえば意地悪な神、世界のデミウルゴス的な創造者としての神を想像したグノーシスのヴィジョンとは真逆にあるものです。神がみずからの手で自身の書物を真正なものと認めているのかもしれませんし、人間が手を置いて聖書について思索したり、あるいは聖書にかけて誓いを立てているのかもしれません。けれどもいずれにせよ顔は冗談めかした神の顔です。天上の空虚から、自身が作り出したものをまるで愉快な冗談でもあるかのように笑う神。

こうしたシュルレアリスム的な演出のうちで、狂える坩堝は遠からぬところにあるわけですけれども、しかしそれは、わたしたちにとっては対照実験としての意味を持っていて、奇矯であったり断片化されていたりということを超えて、構造を、そして構造を差配している論理を確証させてくれるものなのです。マックス・エルンストが示し、また脱構築している一神教的な準拠がわたしたちをはっとさせるのは、その根底に、同一性についての人間的な問いかけがあるからです。聖書の記述（「創世記」一・二六）を思い起こしましょう。神は人間を自分の像として、自分に似せて創造しました。このことが構造的に意味するのは、反射性が作動しているということにほかならないでしょう。言い換えれば、準拠と

＊3　Werner Spies, « Les désastres du siècle », *Une Semaine de bonté*, *op. cit.*, p. 90.

は、この準拠にまつわる文化を出自とする者すべてがそのうちに己自身を認める鏡なのです。ここで話題にしているコラージュにおいて、神、すなわち光を放つ天体は、人間——ユダヤ＝キリスト教的な〈テクスト〉に統治された人間——に自分自身のイメージを送り返している。ここには明らかに宗教の最初の素材、すなわち文化における自己のイメージの運命があります。

この三項構造の劇場化という点から出発することで、西洋では宗教と呼ばれているもの、つまり、言説の内容を超えた論理の普遍性をつうじて、語る種それ自体に関わっているものをよりよく理解することができるようになります。思いがけぬことに、シュルレアリスムは、かの宗教という名だたる概念を掘り下げる助けとなってくれるのです。

a　エルンストのコラージュは、ユダヤ＝キリスト教的な一神教を召喚し、かつまた揶揄しながら、〈理性〉の狂える坩堝を演出したようなところがあります。同時に、わたしたちは、近代的なしかたで宗教の本質を発見、改めて発見するのでもあります。この狂える坩堝を隔たりのうちに置き、因果性を司る第三項への迂回をつうじて文明化のためのマテリアルを作り出すこと。また、コード化された神話と儀礼をつうじて合理的な転置をおこなうための道、すなわち制定された〈理性〉への道を開くこと、これが宗教の本質です。
宗教のマトリクスをこのように理解してみれば、次のことがわかります。なるほど西洋風の神的な第三項のモンタージュは廃れることがあるかもしれませんし、あるいは現にそうなっている。社会はその発現のありようをもっとも単純な形（たとえば暴力という形）にまで切り詰めるかもしれませんし、あるいは、新しいドクサに支えられた代替物（たとえば社会的交換の原理として打ち立てられた競争の全般化）を作り出すかもしれませんけれども、三項論理それ自体がそのことで廃れるわけではないのですね。

b　エルンストのコラージュについて最後に指摘を加えておきます。未開の思考が生み出す図像上の譫妄とでも呼べるでしょう、この《眼に見える詩》という小さな傑作は、宇宙の創造主たる神を沈黙のうちで語らしめている。そして、沈黙のうちで語るこの神は、中世スコラ学の格言、「自然すなわち神（Natura, id est Deus）」[†7]を思い起こさせます。この格言は、古の時代、数多の神が人間に語りかけ、世界に存在する対象が魂の生に融け込ん

†7　本書二一一頁訳註3参照。

でいた時代の残響です。宗教の形態が一神教的であろうと多神教的であろうと、あるいはアニミズム的であろうと、人間はいずれにしても世界を他性の形象として演出することで、世界に対する己の関係を基礎づけるのです。

だとすれば、これら構造の形成物をどれも同じひとつの平面に位置づけねばならないということになります。それによって、西洋の原理主義、普遍についての己のヴィジョンに異質な文化を自動消滅へ追い込んでゆく原理主義から身を引き離す術が見えてくる。惑星の全体において、また語る種が現れて以来の全時代をつうじて、人間と世界の対話というものが働いているのですから。言葉をそなえた動物は世界に語りかけ、世界は、まさしく三項論理のさまざまな構築を迂回路としながら人間に語りかけるのです。

『紅楼夢』というロマネスクでもあり詩的でもある、あの名高い物語を思うところです。一種の「智慧の書」ともいうべきこの小説は一八世紀の中国で書かれたのですが、『石頭記』という別題を持っていました。事実、物語のうちでは、小さな石が魔法のように人間へ姿を変え、その生涯を生きてゆきます。*4 これこそ人間と世界の対話の典型的な事例であって、西洋主義《オクシデンタリズム》から脱け出し、まずもって西洋に対する異邦人の視線を獲得する方途を作り出す必要をわたしたちに説得的に示してくれる格好の事例です。

＊

さて、講演を締め括らねばなりません。

「解釈という命法」めぐるこの講演は、「解釈者（interprète）」という単語の意味を理解することから始めて、「inter-」、つまり第三項という問題系を必然として重心に持つことになりました。第三項に内在する規範が、あらゆるレヴェル、つまり主体と社会の双方のレヴェルで、問いかけという人間的な経験を貫いていることを示すべく努めてきました。三項論理を考慮すること。それは、問いかけの圧潰、つまり人間にとって法を成すものをめぐる経営管理的なヴィジョンに起因する知のテクノクラシー化を阻むものです。こうした破滅的なヴィジョンが文明規模で引き起こした事態として、西洋において法と呼ばれる概念が――逆説的なことにそれはいまでは囂々《ごうごう》たる響きをともなっているわけですが――道具化してしまったということがあります。哲学、そして政治を意識する者にとっての課題は、したがって、法の〈問い〉を再び自分のものにすること、この問いを、法学者

＊4　『紅楼夢』（Cao Xueqin, *Le Rêve dans le pavillon rouge*, Paris, Gallimard, t. I (1981)）第一話を参照〔主人公の賈宝玉は、もとは女媧氏が破損した天の一角を繕うのに用いた石のひとつであった〕。

の積極的な荷担とともに実証主義が押しつけている精神の牢獄から引き出してやることです。

法の〈問い〉は国家の問いを立てることを促します。国家とは西洋が発明した政治的対象であり、それがいまではスタンダード化されて惑星のあらゆるところに輸出され、西洋の基準に抗うものすべてを破壊し、さまざまな文明をただひとつの文明へ回収しようとしている。法律家としての国家は、構造のユダヤ＝ローマ＝キリスト教的なヴァージョンとしての歴史的な刻印を帯びています。それは、社会レヴェルでの解釈というヘルメス的なシステムを統括するものです。第三項の位置を占め、またそのことによって社会的〈理性〉を保証しながら（ここで問題にしているのは〈理性〉の系譜的核心です）、法の決疑論を支配するものなのですから。わたしたちの伝統においては、このような正統性をつうじて、国家、もっと正確を期するなら国家という位置は中継者の審級となり、また、神話の範域と決疑論の範域を綜合するものとなるわけです。

こうした三項論理に照らしてみることで、至高の位置を占める権力という問題がより明瞭に理解できるものとなります。この位置を精神病的な、あるいは倒錯的な言説が占めるとき、ヒトラー主義の事例で明らかなように、そこからさまざまな規範上の帰結が連鎖し、職務として殺人を請け負う者たちが生み出されることになる。以上のように指摘してみると、究極的な問いが浮かんできます。〈理性〉の制定を思考することは可能なのか、という問いです。

ただ、これについては宙づりとし、マグリットの《禁じられた複製》（図版一）という絵について短く註釈を加えるに留めたいと思います。

絵を眺めてみましょう。ここには驚くべき視覚効果があります。鏡のうちで正対するヴィジョン――合法的なヴィジョンと呼んでもいいでしょう――は消え去って、鏡像の論理が打ち壊されてしまったかのようです。鏡を見つめながら、そこに自分を背後から見ている。これは妄想的な発話と等価であって、現実、あるいは物理的な因果法則に対する主体の関係を引き去ることです。けれども、画家の手によって、文化という舞台の上で世界の秩序が疑いに曝されたおかげで、わたしたちは物理的な因果性を超えた地点へと連れてゆかれます。それは形而上的な、まさしく物理性に対してメタの位置にある（méta-physique）地点なのであって、ユダヤ教ならびにキリスト教の神学は、創世記の神をそこに位置づけました。創世記の神とは、鏡とイメージの絶対的な〈主《あるじ》〉、つまりはあらゆる束縛から解き放たれた〈主〉なのです。神は鏡によって課される分割を逃れている。絶対的な鏡であるかれ自身はイメージを持たないわけです。

こうした芸術上の達成は無意識に根ざした〈没理性〉を演出しています。けれども、この〈没理性〉は、イメージの破綻を前にした戸惑いをつうじて、近代人の真理、神格化され、みずからを崇拝し、神がそうであるように分割から解き放たれてもはやイメージを持たなくなった近代人を描きながら、わたしたちに〈理性〉を語っているのです。絵のタイトルは示唆的です。《禁じられた複製》。こうした近代人の姿のうちにあるのは、西洋の三項的なモンタージュが私有化され、個人によって所有されることになったそのありさまだと言えるでしょうか。以上の指摘を最後に加えました。熟考に価するかもしれません。ただ、わたしとしては、講演の締め括りにこのマグリットの絵を引き合いに出すことで、自分自身の出発点に立ち戻ったにすぎないのでもあります。そう、戸惑いという出発点に。

第三講演　「世界の総体を鋳直す」

西方キリスト教の普遍主義についての考察
メランコリックな時間の物語

「世俗的近代の宗教的な秩序モデル」

ミュンヘン大学先端研究センターでの講演

二〇〇九年一二月

講演の表題は、クレメンス・ポーンシュレーゲル教授[†1]が推進している「近代世界の宗教的構造」についての研究プログラムに想を得たのですけれども、今日この場で副題を補うことにします。それは「メランコリックな時間の物語」というもので、主体の問いをめぐる導きの意図を見失わぬようにと思って添えることにしました。

「西方キリスト教の普遍主義」というテーマを立て、一一－一二世紀に教権が遂行した

---

†1　Clemens Pornschlegel (1958-). ミュンヘン大学教授。法学と文学、またドイツとフランスなど、比較文化論の分野を中心に多くの研究を発表している。主著に *Penser l'Allemagne. Littérature et politique aux XIXe et XXe siècles*, Paris, Fayard, 2009.

革命に由来するスローガン「世界の総体を鋳直す」[†2]をその出発点とすることで、わたしは制度モンタージュの歴史家としての反射的な反応を示しているわけです。歴史の巨大なふたつの極のあいだ、つまり古代と産業レジームの到来とのあいだの時間の働きを念頭に置く、ということですね。わたしたちが近代と呼ぶものが惑星規模に拡大する力を持ったという事実の意味を把握するには何よりまず、ヨーロッパの宗教の戦略的なキャパシティを把握しなければなりません。つまり、長い、大変に長い記憶を持たなければならない。それが意味しているのは、純然たる単線的な歴史（ひたすらめくられるばかりのページの連なり）を棄て、相次ぐさまざまの段階から成る積層的な歴史、わたしたちの出自である歴史を考えるということです。

そのようなわけで、キケロのテクストから出発しようと思います。キケロは紀元前一世紀の弁論家・哲学者ですが、キリスト教の全時代をつうじて、またとりわけ中世の註釈者たちによって尊重された著作家でもあります。そして、この註釈者たちこそは、今日にあってスタンダード化された制度的な〈対象〉、すなわち普遍的な政治形態としての国家を最初に構想したひとびと、もっと言えば、その最初のデザイナーだったのでした。

さてキケロは、著作『卜占官の回答について』の一節で、どうしてローマの宗教がローマ人の優越の証であるのかについて、割れんばかりの調子で次のように述べています。曰く、「わたしたちは、数においてヒスパニア人よりも優っていると主張することはできないし、力においてガリア人より優っていると主張することもできなければ、巧妙さにおいてカルタゴ人より優っているとも、技芸においてギリシア人より優っているということもできない……。わたしたちが他のあらゆるひとびと、あらゆる民族に優ったのだとすれば(omnes gentes nationesque superavimus)、それは敬虔と宗教のおかげ、神々が与える徴(numen)によってすべてが統べられていることをわたしたちに知らしめてくれたこの唯一無比の智慧(una sapientia)のおかげなのである」[*1]。言い換えるなら、わたしたちは、普遍的な統治が神意に基礎づけられていると理解したからこそ、他人よりもよく物事を見通せるのであり、

†2　一二世紀の歴史家フライジングのオットーが用いた表現。以下を参照。Harold J. Berman, *Law and Revolution. The Formation of the Western Legal Tradition*, Cambridge et al., Harvard University Press, 1983, p. 492.

＊1　Cicero, *De haruspicum responsis*, IX, 19. 引用の後半について原文を掲げておこう。「[…] sed pietate ac religione atque hac una sapientia, quod deorum numine omnia regi gubernarique perspeximus, omnes gentes nationesque superavimus」。ローマの宗教概念をキリスト教が取り込んだ過程については、以下の概説的な論文を参照。Maurice Sachot, « Comment le christianisme est-il devenu religio ? », *Revue des sciences religieuses*, t. LIX (1985), p. 95-118.

より明敏であって（perspeximus）賢明なのだし、この知こそが他民族に対するわたしたちの優越を正当化するのだ、というわけです。

それからおよそ二〇〇〇年後の一八世紀末、歴史のもう一方の極にあって、産業レジームというものがヨーロッパで姿を現します。一七九七年、フランソワ＝ルネ・ド・シャトーブリアンは未来をさまざまに予測しながら、『革命論』を次のような問いで締め括っている。「キリスト教に取って代わる宗教とはどのようなものであるのだろうか」[*2]。

ひとつの深淵がこうして開かれます。終末論を放棄した思考、最後的な終末というキリスト教が抱いてきた確信を放棄した思考の深淵です。けれども、フランスの一貴族、革命を経験した政治家であり、また〈自然〉について考察し、始原の未開社会に魅惑されていたこのロマン主義作家の筆になる右のような言葉は、わたしたちにとって何を意味し得るのでしょうか。

自失のうちにあるシャトーブリアンの言葉が今日にあって興味あるものだとすれば、それは、この言葉が単線的な歴史を奉じる歴史家にとってはまるで興味を惹くものでないからです。西洋の命運の今日における解釈者たちは見事な寸言を発明しました。成功を収めたこのアフォリズムは慰めを与えてくれます。それが問いを消し去るものだからですね。

曰く、キリスト教は宗教の出口となる宗教なのだ、と。[†3] なんとまあ。

言い換えれば、西洋の思想家たちは、いまだ狡猾さを発揮して次のように確信している。ヨーロッパで発明された諸々の用語は無制約にその意味を保存しているのみならず、二〇〇〇年以上にわたる恒常的な使用によってスタンダード化されたのだから、惑星のいたるところにあって合法的な語彙として吸収されるのでなければならない、と。だからまた当然の帰結として、宗教と呼ばれるモンタージュは、アメリカ連邦裁判所の判事たちが最近になって「思想の自由市場」と呼んでいるものへ切り詰められてゆくわけです。[*3] この惑星規模の市場は、しかるべくして、あえてそう言いたいのですが、多国籍のごときものと化

＊2　François-René de Chateaubriand, *Essais historique, politique et moral sur les Révolutions anciennes et modernes, considérées dans leurs rapports avec la Révolution française*, Paris, Gallimard, 1978. 引用した問いは第二部五五章の表題（*ibid.*, p. 430）。

†3　Marcel Gauchet, *Le Désenchantement du monde. Une histoire politique de la religion*, Paris, Gallimard, 1985.

＊3　この問題についてはバークリー大学の法学教授ジョン・C・ユーによる以下の論文に報告がある。John C. Yoo, « La liberté de religion et la liberté d'expression : la lumière du 18e siècle sur les controverses modernes », Laurent Mayali (sous la direction de), *La Façonnage juridique du Marché des religions aux États-Unis*, Paris, Mille et une nuits, 2002. とくに p. 65, 75, 92 を参照。

したキリスト教に支配されています。グローバル化の時代、国境の開放、あるいは文明の平等といった政治的マニフェストの時代にあって、キケロが述べていた「唯一無比の智慧」は相変わらず西欧由来の文明の独占物となっているのであり、この文明は、意味論上では明らかになっている事実[*4]にどこまでも抗い、逆らいつつ、自分たちが普遍的に君臨しているのだという心づもりを大っぴらにひけらかしている。

本当のところ、シャトーブリアンによって自失のうちで問いかけられたものがわたしたち西洋人に対して深淵を開いているのだとすれば、それは、ノスタルジーに駆られながら明晰さを保ったひとりの作家の狼狽――かれは「さまざまのあやふやな思い為しの巨大な深淵が開くのが見える」と書いていましたけれども――ではなく、「宗教」という言葉、キリスト教が古代ローマに借りたこのご大層な言葉の抜け殻に向き合う点においてこそなのです。

いまや、ヨーロッパ＝アメリカ文明を構成している積層を、理論的に適切な道具立てとともに測量してゆかねばならないということです。そのためには、構造、もっと正確にはドグマ的構造という概念の助けを借りる必要がある。考察を重ねた結果、本講演のタイトルに必要な副題を補い、宗教と呼ばれる問題系に人間主体の構築というものを導き入れる、いや再び導き入れることが必要なのだと示したのもそのためです。その副題は冒頭に示したとおり、「メランコリックな時間の物語」というものですが、しかし、メランコリックとはどのような意味においてそうなのでしょうか。

メランコリーという譬喩的な表現をつうじて、わたしたちは主観の大門を叩いて、文明の構造——構造（structure）という言葉はここで構築物という建築的な意味で用いています——に入ることになる。構造があるからには論理があります。それは話す生き物にとっての表象の生の論理です。そして、いま問題となるのは、こうした論理のキリスト教的な表現、つまり意味論的にラテン世界に依存した西方キリスト教のスタイル——ギリシャ的な性格を帯びた東方キリスト教とは異なるスタイル——で為された表現の形態です。

例証として、民間的なイコノグラフィーを援用することにしましょう。時はすでにバロック、ヘルマン・フーゴーによって一六二四年に公刊されたエンブレム書『エンブレム

＊4　「宗教（religon）」という言葉は、それを西洋的伝統とは異質の言語に翻訳しようとするや、重苦しい覆いとなってしまう。結果、そうしたフォーマット化に委ねられた言説のモンタージュの意味作用や変展は研究上の盲点となる。まさにそれゆえにこそ、この「宗教」という語に代えて、構造の論理に呼応する別の概念（解釈システム、準拠のシステム、あるいはよりふさわしくは〈信託〉——これについては以下で論じる）を用いようとするわたしの提案にも意義があることになる。

によって図解された敬虔なる欲望』から抜粋した版画です（図版三）。この版画は、檻に閉じ込められた魂を描いています。魂は祈りを捧げる人間の身体の姿を取り、それを思索に耽る骸骨が閉じ込めている。エンブレムの下に記された銘はパウロによる「ローマの信徒への手紙」の名高い一節です。「惨めな人間たるわたし、誰がわたしをこの死の身体から解き放ってくれるのでしょうか（Infelix ego homo ! Quis me liberabit de corpore mortis hujus）」（七・二四）。この「誰がわたしを解き放ってくれるのか」という問いにパウロはすぐさま答えます。「われらが主イエス・キリストをつうじた神の恩寵です（Gratia Dei per Jesum Christum Dominum nostrum）」（七・二五）。

換言するなら、一方の章句（二四）は、二であることとの絶望、つまり己自身を身体と魂に分割する謎に向き合った主体を語り、他方の章句（二五）は、信託の審級、つまり人間の相剋を解決するものとして信用の対象となる神的第三項を語っているのです。先に言及した論理の普遍的性格は、パウロが用いているカテゴリーにおいては（つまりキリスト教的なヴァージョンにおいては）このように表現される。言語の働きという呵責なき法が人間に課す引き裂きという仄暗い問い、第三項という審級を盾とした主体の分割という仄暗い問いです。人間以外の動物はこの分割を知りません。この分割を、譬喩的に、人間を構成するメランコリーと呼びたいと思います（こうした西洋的なスタイルにとっての典型的な表現として、本書の序文に引いたパウロの別の言葉も参照してください）。*5

こうしてわたしたちは科学（今日の限定されてしまった意味での科学）の境界に立ち、人間のドグマ的な組織化という領野に立ち入ることになります。そこでは、宗教という人類学的な普遍事象――それが取る形はさまざまなものであるわけですが――が、話す生き物をめぐる考察という角度から見出される。それは、文明――もちろん西洋の文明もそこに含まれます――を言説のモンタージュとして、つまり〈テクスト〉として考察することです。こうした問題系を論じるにあたって、互いを補う平面に位置し、それゆえに呼応し合うふたつの主題を考えてゆきましょう。すなわち、まずは人類学的な普遍事象と西方キリスト教のこと、そして、普遍をめぐる西方キリスト教的なヴィジョンはその限界に達しつつあるのか、という問いのことです。

*5　「わたしたちの語らいは天上にあります」（「フィリピの信徒への手紙」三・二〇）。本書三九頁のエピグラフを参照。

一 人類学的な普遍事象と西方キリスト教

カードを並べることにしましょう。ローマから借用された「宗教（religio）」という言葉についてよく理解しなければなりません。わたしたちは、世界を分割している解釈システムをこの言葉を物差しとして測っており、すべてのシステムは、この「宗教」なる言語的かつ思想的なマトリクスに入らねばならないことになっている。

こうした強引な押し込みがどういうことであるのかを考えてみましょう。民族学を問い訊ねてみますと、宗教という概念が不適切であることが明らかに見えてきます。西洋の青写真の外に出たとたんに混乱が生じてしまうのですね。一方では、「宗教」という言葉――非常に訳しにくい言葉です――のもとに社会秩序や技術、〈自然〉との関係、つまりはおよそすべての人間の自己発現が摂り集められている。しかし他方で、ヨーロッパ＝アメリカ文化は、惑星の全体に向けて、宗教とはどのつまり、信仰の自由な選択、そして強制された儀礼の廃滅に存するのだと説き立ててもいるのです。

わたし自身が「宗教」という言葉をここで用いているのは、解釈システム、あるいは準拠システムといった厳密かつ一般的な意味においてのことです。そのようにして超近代のドクサが課している精神の牢獄の外に出て、西洋のキリスト教をめぐる問いかけをもっと自由に練り上げてゆかねばなりません。約言するなら、主体と文明の相互的な帰属という明確な理論基盤に立って、西洋の宗教と人類学的な普遍事象の関係という事案を開くことが必要です。

この点について、人間的な事象を理解するうえでの精神分析の寄与を消し去ることはできません。フロイトはそれを次のように要約しています。「文化の進展は個人の進展に類似し、同じ手段によって為される」[*6]。主体と文明の相互的な帰属という概念をつうじてわたしが考慮しているのはこの所見なのであって、その地平を拡大し、主体と文明のモンタージュをともに貫き支える論理を探求しようとしているのです。こうした提案を足掛かりにするなら、西方キリスト教の同一性を少しずつ再構成してゆくことができるでしょう。解釈システム、（あるいは耳に馴染んだ言葉を使うなら）宗教がどれもそうであるよう

＊6　フロイト『文化における居心地の悪さ』八（GW, XIV, p. 504）。

に、キリスト教も構造の論理を表現したものなのであって、変転のうちにありながら、己の解釈学的な創意を展開しています。これについて、以下の二点を指摘しておきます。

A　第一の指摘　構造的な論理のキリスト教による表現について

構造的な論理という言葉でわたしが言わんとしているのは〈理性〉の三項的な建築ということです。その根源的な帰結が、主体と文明の同一性の構築ということになります。同一化、すなわち他者を同定し、自身を同定すること。たとえば、ひとは鏡のなかの自分のイメージに自身を同定します。あるいは子供が父や母に自身を同定する、役者が演じる人物に自身を同定する、といったように。また、他者を同定するとは、世界の事物や人物を、それを指し示す名辞によって区分してゆくことです。けれどもまた、科学は物質の構成要素を同定し、バイオ医学はウィルスを同定します。自身を同定するにしても、他者を同定するにしても、いずれにせよ他性というものがそこに現前している、あるいは潜在している。ですから、同一性というのはひとつの関係であるわけです。それは、主体にとって意識的であったり無意識的であったりする表象の生に根ざしていて、人間のあいだのコミュニケーション、そして自己と世界への関係の条件となっています。

言語の働きは話す動物に物質性の脱物質化を突きつける。人間は物の純然たる物性《もの》からの分離を生きねばならず、世界に対する他性の紐帯、世界との対話の紐帯のうちに入ることになります。世界はわたしたちに語りかけ、わたしたちは世界に語りかける。宗教的なもの、解釈システムの源泉はそこにあるのです。こうして世界は言葉によるフィクションをつうじて隔たりのうちに置かれ、ひとつの舞台と化し、（これは言葉に内属する現象なのですが）時間の意識がその舞台に登場してきます。

こうした見地からするとき、時間とは、人間と世界が分離され、隔てられ、差異化されるにあたってのモダリティなのだということになる。時間というカテゴリーは、単に歴史的な角度からではなく構造的なものとして検討されるべき、人間と世界にとっての舞台装置となり、それをつうじて文化の同一性が明らかになります（わたしたちがいま問題としている文化の同一性とは、あくまでキリスト教の同一性であるわけですが）。

例を挙げましょう。教皇インノケンティウス三世――政治家として重きを為したばかりでなく、神学者、また法学者として第一等の人物でした――の主導下に一二一五年の第四ラトラン公会議が定めた悔悛のモンタージュという重要な制度のことです。悔悛の審判

（告白）というのは、神秘主義に着想を得ながら、同時に法的な性格をそなえたものでもあって、そこでもまた三つの項が演出されています。神の審級、悔悛者、そして裁き手として決定を下す聴罪司祭のことです。こうした三者が織り成す舞台にあって、時間というカテゴリーが、論理としてどのように作用しているのかをよく理解して、そこから一般的な知見を引き出してみましょう。

a　まずもって次のような三幅対があるわけです。

第一のエレメントは神の審級です。贖罪者としてのキリストという福音のシナリオ、そしてキリストとその背景となる聖書を超えた三位一体のシナリオがそこにある。第二のエレメントは悔悛者の告白です。メランコリックな仮面をつけた主体、罪人とそのコード化された告白。いうなれば、そこには、パウロの次の章句に反響するものがあります。「わたしは欲する善を為さず、欲せざる悪を為すのです（Non enim quod volo bonum, hoc facio ; sed quod nolo malum, hoc ago）」（七・一九）。第三のエレメントは裁き手としての聴罪司祭です。かれは絶対の審級を代理し、聖職者としての受託にしたがって、繋ぎ、また解く権力[†4]の位置を占めています。

こうした悔悛儀礼の舞台装置をつうじて、時間に対する意識にはふたつの発現があること、それがどのように際会するのかということが把握されます。第一のありかたは、根底的な、つまり原因としての性格を持つものであって、言い換えるなら、時間にとって神話的な外部である時間、無矛盾律と現実原則から解き放たれた時間です。これは主体の無意識、夢や個人のファンタスムが担う時間であり、仄暗いもの、語り得ないものと関わっている。しかしまた第二のありかたとして、社会のレヴェルで、神話や宗教的な物語によるファンタシアの時間として現れるのでもあります。

悔悛儀礼において、仄暗いもの、語り得ないものが社会化された言葉への道をみずからに開くための経路は、贖罪者としてのキリストという語りにあるわけですが、これは古代の神話や悲劇の儀礼、あるいは神々への礼拝の儀礼とまったく同じことです。こうした表象の生の領域における作業、そして象徴的な営為は、主体や社会が現実性の紐帯を練り上

---

†4　「あなた〔ペトロ〕が地上でつなぐことは、天上でもつながれる。あなたが地上で解くことは天上でも解かれる」（「マタイによる福音書」一六・一九）。本書五九頁原註4に言及される教会法の想像的な「書き手」としてのキリストという主題とも密接に関係する。また、以下を参照。Pierre Legendre, *L'Autre Bible de l'Occident*, *op. cit.*, p. 228.

げるために、つまり制度的・法的な空間が構築され、そこで無矛盾律に割り当てられた合理的・歴史的な時間というカテゴリーが作動するために不可欠のものであるわけです。

b　さて、悔悛というパラダイムから、より一般的な知見を引き出してみましょう。キリスト教という宗教は、決疑論という営為と結合しながら、制度的な分節点の論理的な必然性を明らかにしています。つまり、ふたつのエレメントのあいだの第三項のことであって、右の例では、裁き手である聴罪司祭がその役割を務めているわけです。

時間というカテゴリーは二重に作用するのだということを確認しました。〈理性〉の狂える坩堝と呼べるでしょう神話の非合理性から主体と文明の合理的な働きへの通路——それはまさに通路なのです——が、神秘主義に着想を得ながらも法的な性格をそなえた審判という形で開かれることになります。こうした二重の作用は、あらゆる準拠システム（つまり宗教）について確認されるものなのですが、しかし第三項の中継——ここではキリスト教におけるそれを論じていることを確認しておきます——を経なければならず、この第三項は権力としての己の機能を果たすべく、神学的な範域、そして法的な範域（つまり社会的規範の範域）の双方に働きかけるのです。悔悛というパラダイムに留まらず、中世人は、権力の構造的な位置である第三項が連結させるこうしたふたつの範域を形容するにあたって、神話的基礎を「信じるうえでの規則」、社会的規範を「生きるうえでの規律」と呼んで、きわめて正確な区別を立てていました。

さて、第二の指摘に移ります。

B　ラテン・キリスト教の解釈学的な創意を把握する

この創意を記述し、また理解しようというのであれば、まずはキリスト教のもっとも古い層を測量してみるのでなければなりません。キリスト教が制度的なものとして存在しているその様態の起源のことです。形成過程にあったキリスト教の言説は、ユダヤ教の釈義から離れ、いわば脱ユダヤ化したユダヤ教として自身を作り上げたわけですが、四世紀以降、政治的な成功と引き換えに、東西ローマ帝国のモンタージュのあいだで自身を組織化するという課題に直面しました。

ここでわたしが考察しようとしているのは西方キリスト教、つまりラテン・キリスト教であるわけですが、それは五世紀の帝国崩壊の影響を被ったものです。これに対して、東方、つまりビザンティンの側はギリシャ世界に沈潜し、トルコ勢力が一四五三年に第二のローマであるコンスタンティノポリスを征服するまで、ローマのテクスチュアリティ（とくに法的なテクスチュアリティ）[†5]を保存することになりました。この大切な事実を心に留めながら議論を進めましょう。

中心となる問いは、ラテン・キリスト教の解釈学的な創意の構造的要因は何であるのかということです。それは、ひとつのチャレンジとして与えられている。西洋がこのチャレンジを乗り越えたのは、わたしたちが革命と呼ぶ一連のものを始動させた状況においてのことでした。この点について段階をふたつに分けながら註釈を加えます。

a　キリスト教を他のふたつの一神教から区別しているものは何であるのか

キリスト教の消しがたい刻印、キリスト教をユダヤ教とイスラームから区別するものについて考えてみます。このふたつの一神教において、神学的な基礎、あるいは創設神話（換言するなら「信じるうえでの規則」）の位置に据えられた神的なシナリオ、社会のレヴェルで為されるその実効化（換言するなら「生きるうえでの規律」）、そして、実効化のためにトーラーやクルアーンの解釈者がおこなう接合作業という三つのプロセスは、構成のうえでは一連のものとして機能していて、ひとつの全体を成していて、各エレメントは聖なる書物の字義性と切り離せないものとしてあるのです。

キリスト教はというと、そうでありません。福音書のテクストは実質として社会的規範を欠いています。十戒――中世人はそれを「モーセの法」と呼んでいました――がいつでも引き合いに出される準拠としてあったことはたしかですが、（二世紀の護教論家ユスティノスの言葉を借りるなら）ひとはただそこから「自然に即してよいもの、敬虔なもの、正しいもの」[†6]を取り出していたにすぎない。実定法からほど遠いところにいたわけですね。

さらに議論を進めましょう。一二世紀の巨大な政治的転回をつうじて、わたしたちにとっての近代の制度的基盤が打ち立てられました。計量化へ向かう大規模なオペレーションが起きたのです。それが『矛盾教令調和集（Concordia discordnatium canonum）』という神学的かつ法的な集成の編纂です。徴候的なことですが、ヨーロッパ文化の歴史家たちはこれ

†5　社会を〈テクスト〉と呼び換えたのと相即的に、その組成の原理的な性質がテクスチュアリティと呼ばれる。具体的には法制度にまつわる文書群が念頭にあることにも留意のうえで、語感として、たとえば「セクシュアリティ」と類比的に捉えると理解しやすい。

†6　以下を参照。Pierre Legendre, *L'Autre Bible de l'Occident, op. cit.*, p. 108.

を「忘却」、つまり抑圧しています。この根本的な著作は、けれども事態の根底を明らかにしている。その序言の全体をご紹介しましょう。

「人類はふたつの尺度によって統治される。いうまでもなくひとつには自然法によって、また人定法によって。自然法とは律法と福音に収められているものであり、つまり、各人は、己自身が為されることを望むものを他人に為すことを命じられ、また、己自身が為されることを望まぬものを他人に為すことを禁じられているということである。それゆえ福音においてキリストは次のように語られている。「ひとがあなたに為してくれることをあなたが望むものをかれらに為しなさい。それが法と預言書の教えるところなのですから」（「マタイによる福音書」七・一二の引用）[*7]。

以下の大切なポイントを押さえておきましょう。自然法はキリスト教における聖書と等価なものだとされています（「律法と福音」というのですから）。けれども、ローマ法に由来する自然法という概念は軟弱な概念であって、あえて言うなら、法システムが概念レヴェルで故障を起こしたときに持ち出されるスペア・タイヤのようなものなのです。

『矛盾教令調和集』がおこなっているこうした取り込みが示しているものをラテン語由来の語彙で述べるなら、キリスト教とローマの法システムの「契約（pacte）」ということになります。東方、つまりギリシャ側のビザンティンにおいては、事態は別の歴史環境のもとで展開したわけですが、出発点は同じ、キリスト教が規範を欠いた宗教だという事実のうちにあります。トーラーやクルアーンの対蹠点にあるわけですね。

b　キリスト教はみずからを借用者として打ち立てたということ

正確を期するなら、キリスト教は、みずからが抱える規範上の空白を、ローマの規範システムをキリスト教化することで埋め合わせたのです。この解釈学上の出来事は決定的であって、ヨーロッパ文明にさまざまの連鎖的な影響を与えたのですが、それについてよく考えてみましょう。

＊7　この著作は編纂者の名前から『グラティアヌス教令集』とも呼ばれる。引用した冒頭の原文は以下のとおり。「Humanum genus duobus regitur, naturali videlicet jure et moribus. Jus naturale est, quod in Lege et Evangelio continetur, quo quisque jubetur alii facere, quod sibi vult fieri, et prohibetur alii inferre, quod sibi nolit fieri. Unde Christus in Evangelio : 'Omnia quecunque vultis ut faciant vobis homines, et vos eadem facite illis. Haec est enim Lex et Prophetae'」。この序言の射程については以下を参照。Pierre Legendre, ***L'Autre Bible de l'Occident, op. cit*** (chapitre I, « L'autre Bible : écrire les lois absentes de la Bible chrétienne. En ouverture de l'Occident moderne : le refoulé généalogique »)。

自身の起源であるユダヤ教というマトリクスから切り離されたキリスト教は、それによって、一神教的なモンタージュにひとつの亀裂を持ち込みました。わたしはこれを、「切り離す」ことや「ふたつに裂く」こと——たとえば木片を割るときのように——を意味するギリシャ語の動詞「schizô」から派生した名詞を借りて「分裂《スキーズ》（schize）」と呼んでいます。キリスト教の規範システムは、ふたつの部分に分割されているのです。つまり、一方に神的なシナリオまたは神話的根拠、そして他方に社会的規範、換言するなら規則に関する決疑論において諸概念が活動する場がある。ユダヤ教やイスラームの真逆なのですね。これらふたつの一神教においては右に述べたふたつのエレメントが内的に絡み合っていて、いわば溶接され、構造の中心で切り離しがたいものとなっているのですから。

こうした条件のもとにあって、神的シナリオ（神学の言説）、そしてローマ法に支えられた社会レヴェルでのその実効化という両者の通路となるべき第三項はどうなるのでしょうか。このように不揃いなエレメントはどのように共存させられるのでしょうか。解釈のさまざまな審級ということがそこで避けがたく問題となります。さらにまた、スコラ学のうちで、教会による「帝権の倣び（imitatio imperii）」と呼ばれたものを基盤にした政治的関係が問題となる。歴史に即するなら、西方キリスト教は中世において再定礎されたということであり、これを要約するのが講演の標題として掲げた「世界の総体を鋳直す」という銘です。さて、どういうことなのでしょうか。

どういうことなのかといえば、西方キリスト教という構築物にローマ的な帝権の制度性が浸透した、つまり一般化されて染み込んだということなのです。そのようにして政治と法にまつわる再組織化が起きる。より具体的に、ローマ教皇は一方では至高の解釈者、つまり「キリストの代理人（Vicarius Christi）」として当のキリストという根拠を保証する者となり、他方では「生ける法（lex animata）」、あるいはさらに「かれはその胸の文書庫にあらゆる法を収める」といったローマ皇帝に捧げられた形容に即して[†7]、生ける〈文書〉となるのです。まさにこうした演出をつうじて、キリスト教の規律性が再組織されてゆく。教権がこうしてローマの法的埋蔵物を非歴史化しながら利用したこと。ヨーロッパはそこにふたつの重要なものを負っています。一方では、ローマにおける決疑論の技術に内

†7　ともにローマ法に由来しつつ（それぞれ『新勅法』一〇五、『法学提要』六・二三・一九・一）、中世において聖俗の君主を形容する格言として定型化した。その意義については以下に凝縮された記述がある。エルンスト・H・カントーロヴィチ『王の二つの身体』小林公訳、ちくま学芸文庫、上巻一八二頁以下。

在していた合理主義の精神、そして他方では、社会的規範性（「生きるうえでの規律」）とは要するに純然たる技術性であって、つまり法は道具なのだという思想です。そのようなわけで、中世の教会（教権は、この教会が領土を持たないことを主張し、それと付随して「世界は教皇の教区」[†8]なのだということも言われました）、またその支えであるスコラ学（それは近代の合理主義と技術主義を先取りしていました）によって再定礎され、新たに組み上げられたキリスト教の普遍主義は、わたしたちがグローバル化あるいは世界化と呼ぶものの理念と実践を胚胎していたと述べてもよいでしょう。

この巨大な問題系をしばらくのあいだ考えていただければと思います。そこで、今日の講演の第二部へ移ることにしましょう。

†8　たとえば関連する表現として『教皇令集』第五巻九項五章への標準註釈の一節に「cum sit totius orbis episcopus Romanus Pontifex」がある。また、以下を参照。Pierre Legendre, *L'Autre Bible de l'Occident*, *op. cit.*, p. 370.

二　普遍をめぐる西方キリスト教的なヴィジョンは その限界に達しつつあるのか

　中世の革命をドグマ的論理という観点から概観してみると、構造のうえで、政治的な第三項のステイタスが問題含みであることがわかります。帝権化されたキリストの代理人という立場は、はたして持ち堪えられるものであったのか。一二世紀に「帝権の倣び」が迫り上がってゆくなかで、ひとはどんなことを思っていたのか。ある逸名の教会法学者が明確に教えてくれます。「教皇は法を破壊することもできるというのだろうか（Numquid posset destruere leges）[†9]」。

†9　*Quaestiones Casinenses*, ms. Monte Cassino 396, p. 56. 以下を参照。Pierre Legendre, « Le droit romain, modèle et langage : de la signification de l'*Utrumque Ius* », *Études d'histoire du droit canonique dédiées à Gabriel Le Bras*, Paris, Sirey, 2 vol., 1965, t. II, p. 923 [repris dans *Écrits juridiques du Moyen Âge occidental*, London, Variorum Reprints, 1988].

つまり、話の筋がこうまで野放図になってくると、キリストの代理人たる教皇という政治的第三項が、度を超すあまりに自壊するのであるまいか、と思われてくるわけですね。再生、あるいは霊性上の治療といった考え、さらにまた教会を鋳直すといった考え――「reformatio」という言葉はそうした多様な意味を持っています――が改めて浮上してくるのは、まさしくこうした文脈においてのことです。これについて、ふたつの主要な問いを考察してゆきましょう。ひとつは、一六世紀の「改革」という観念がいかなる点で構造に影響を与えたのかということ。もうひとつは、長期的に見て、その帰結がいかなるものであったのか、それについて決算を示すことは可能なのかということです。

A　第一の問い　「改革（reformatio）」という概念の再起動について

一三世紀中盤から一五世紀末にかけて、根底的な異議申し立てを先触れする徴候が数を増してゆきます。たとえば、詩人ダンテは普遍君主制を扱った『帝制論』で、コンスタンティヌスの寄進状についてすでに異議を唱えています。[†10]やがて人文主義時代の考証学によって偽造を告発されたこの文書によれば、キリスト教に帰依した最初の皇帝であるコンスタンティヌスが教皇シルウェストル一世に印璽を譲り渡したことになっていたのですけれども。また、アッシジの聖フランチェスコは、全面的な貧窮はひとつの価値なのだと唱え、のちには自身が設立したフランシスコ会によって「もうひとりのキリスト（alter Christus）」として図像化されます。そのフランシスコ会士たちは「貧しき使用（usus pauper）」という概念を見出して、権威や所有権といったローマの概念に揺さぶりをかけました。[†11] あるいはまたコンスタンツ公会議（一四一四 - 一八年）の反体制的な命題によって、教皇は公会議の決定の執行者であるということになりました（教令「ヘック・サンクタ」）。

しかし最終的に、「帝権の倣び」はこうした波乱をすべて乗り切った。教皇による神権政治は教会内の論争や告発的な動きを吸収する力を示し、また帝権化されたキリストの代理人は中央集権的な紐帯を打ち立て、諸会派が自律的なセクトになるのを阻んだわけです。ダンテの批判は無駄な努力だった。フランシスコ会のアナーキズム的な動きは法律家が創意を発揮するのに好都合でさえあった。たとえば、フランシスコ会士は金銭に手を触れぬようにするため、それを第三者に委託することをしていたのですけれども、このことが

†10　『帝政論』三・一〇。
†11　以下を参照。Pierre Legendre, *L'Autre Bible de l'Occident*, *op. cit.*, p. 467-470.

やがてイギリスにおけるトラストの発明につながります。[†12] そしてまた公会議の試みがどうなったかというと、教皇ピウス二世という頭のよい日和見主義者が現れるだけで、ことは旧態に復しました。けれどもしかし、その先に思ってもみなかったことが生じるのですね。というのも、いま指摘した散発的な運動につづき、神学的な根から、つまり政治的な基礎からの権力に対する異議申し立てがなされたのです。それが「改革（reformatio）」、より正確を期するなら、プロテスタンティズムによる諸改革です。

この改革が構造のうえでもたらしたものをどのようにまとめられるでしょう。問題の輪郭を明確にすべく、正面攻撃の的となったものに意を留めねばなりません。鉾先が向けられたのは、至高の解釈者としての教皇という神学的・政治的なモンタージュだったのであり、プロテスタント改革は聖書の権威、つまり十戒に収められた〈唯一の法〉をもってこれに代えようとしたのです。ルターは、とりわけ明快な説教のなかで「〈唯一の法〉［モーセの法］を廃したことから数多のあらゆる類の法が生まれ、それとともに、かれら［教皇］はみずからの法でわたしたちを打ち沈めたのだ」と述べています。[*8] そうして、プロテスタンティズムによる闘争の一切は、「聖書のみ、キリストのみ、恩寵のみ（Sola Scriptura, Solus Christus, Sola Gratia）」という包括的なスローガンに集約されることになる。

こうした立場から、構造に対して大変に射程の長いふたつの帰結が生じてきます。第一の帰結は十戒の再演出です。それはもはや曖昧模糊とした自然法ではありません。あるいはまた、内的審廷に適用される法——ということはつまり、悔悛という裁きの場で罰せられる罪（péché）に関する法、ということですが——[†13]、そうした道徳的な法なのではない。自由検証を基盤とした解釈学によるアプローチの結果、十戒は、外的審廷に適用される法の基礎、つまりは実定法にとってのモデルとなるのです。[†14]

---

†12　この経緯についてはとくに以下を参照。Lucas Parisoli, « L'involontaire contribution franciscaine aux outils du capitalisme », Alain Supiot (sous la direction de), *Tisser le lien social*, Paris, Éditions de la Maison des Sciences de l'Homme, 2004, p. 199-213.

＊8　この説教のフランス語訳は以下。Martin Luther, *Œuvres*, Paris, Gallimard, t. I (1999), p. 1100.

†13　キリスト教世界においてはとくに中世以降、紆余曲折はあるものの、外的な犯罪（crimen）と内的な罪障（peccatum）が大別され、それぞれの裁きの場として、外的審廷（forum externum）と内的審廷（forum internum）が対応することになった。前者は今日における一般的な意味での犯罪行為に該当し、その主体は人間世界に責めを負い、法廷の裁きに委ねられる。翻って後者は個人の内面における罪業の謂であり——たとえば邪欲がそれ自体として断罪されるのもこのためである——、責めを負うべき相手は理念的には神である。聴罪司祭を介した告白と贖罪という一連の過程は、後者の具体化として理解することができる。

第二の帰結は、それまでローマ教皇が独占的に管掌してきた司牧権限が世俗権力に再譲渡されたということです。このようにして君主たちは、改革派の教会の統治者・守護者となり、いわば教皇化される。よく考えてみますと、これは、ビザンティン帝国のありかたを受け継いだ東方諸国の総大主教制と遠くはありません。ビザンティンで皇帝がそうしていたのと同じように、時代が降ってそれぞれの国民国家が、教会行政に対して立法権力を行使するというわけなのですから。こうしたありかたは、総督ピラトの前でイエスが述べた言葉「わたしの王国はこの地上にない (Regnum meum non est de hoc mundo)」(「ヨハネによる福音書」一八・三六)によって正当化されます。

さて、第二の問いに移りましょう。

B　プロテスタンティズムによる改革は、カトリックの対抗改革と組み合わされていかなる帰結をもたらしたのか、また、その決算表を描き出すことは可能なのか

一七世紀以降、ヨーロッパの西側では、キリスト教が普遍について二様のヴィジョンを示すことになる。カトリックのヴィジョンとプロテスタントのヴィジョンです。その決算表を作成するにあたっての指標となるのは、まずアウグスブルク宗教和議（一五五五年）によって告げられ、三〇年戦争を終結させるヴェストファーレン条約（一六四八年）が確認した相対的な宗教上の平和です。その原理は「君主の宗教が己の宗教である（Cujus regio, ejus religio）」という有名な格言にまとめられる。[†15] カトリックの君主が支配するのはカトリックの臣民、プロテスタントの君主が支配するのはプロテスタントの臣民、というわけです。

こうしたキリスト教の二重の枠組みこそ、ヨーロッパ文明の世界的拡大を支えたものなのですが、その力学的な結構を把握することが大切です。西洋社会では、いま述べたような経緯でキリスト教のヘゲモニーが分割されたわけですけれども、それをつうじて、この力学的な結構は事実上の改宗をモーターとしたわけで、そこから同じひとつの派生品、つ

---

†14　これについては以下を参照。Harold Barman, *Law and Revolution II. The Impact of the Protestant Reformations on the Western Legal Tradition*, Cambridge *et al.*, The Belknap Press of Harvard University Press, 2003, p. 71-99.

†15　「君主の宗教が己の宗教である」は、ヴェストファーレン体制下における世俗権力と宗教の関係を端的に表現した文言。プロテスタント諸派に認められた信仰の自由と対になる形で、世俗権力に宗教上の決定権が与えられたことを示す。

まり抽象的な君主としての国家なるものが生み出された。
こうした「対立における一致」のありかたをよく理解するためには、ふたつのキリスト教的なヴィジョンが互いに争いながら、しかしまた互いを掣肘しているのでもあることをしっかり押さえねばなりません。改革と対抗改革は、制度性の水準での競合関係においては畢竟、イーヴン・ゲームというべきものを演じているのです。プロテスタントやカトリックの君主は、抽象的な君主、つまり国家のありさまを予告しつつ、キリスト教内部の紛争から技術的な面で生み出されたものを自身の利益のために拾い集めました。キリスト教の根本的な構造（わたしが「分裂」と呼んだもの）を、歴史的に綜合すると同時に近代へ継承する役割を担ったのです。この点をいくつかの短い指摘によって例証しておきましょう。

a　君主による歴史的な綜合ということについて、まずもって共通している与件を考慮しておきます。福音の普遍性は、キリスト教という準拠のヘゲモニーをそれ自体として正統化するとともに、結果として、来るべき植民地拡大政策にとっての神学的な支えを用意することになりました。けれども何より大切なのは、実践のレヴェルで、一一 - 一三世紀以降の教権による再定礎をつうじて中世ヨーロッパが組み上げてきた規律の共同体から継承されたものの重要性を押さえることです。ふたつの具体的な例を挙げておきます。

第一の例は契約の観念であって、これが今日の全般化した市場レジームにとってのマトリクスとなりました。プロテスタンティズムは中世の神学的かつ法的な議論を自家薬籠中のものとした。つまり、どんな契約を結ぶにせよ、インフォーマルな言葉を交わすだけで十分だとする考え方のことです。教会法学者たちの通り文句によるなら、「神は単なる言葉と誓約のあいだに違いを設けない（inter simplicem loquelam et juramentum non facit Deus differentiam）[†16]」のですからね。

第二の例として、裁判官の任命者であり、また自身も最高の裁判官である主権者という観念のことがあります。古代ローマにおいては皇帝が担い、教皇に引き継がれたこの機能が、近代国家を素描するすべての君主制——その形式はプロテスタント的であったりカトリック的であったりするわけですが——に移されたわけです。ここでとりわけ念頭に置いているのは裁判において最終判決を下す権利を手にした最高裁という審級のことです。

---

†16　『教皇令集』第一巻三五項一章への標準註釈を参照。

b　さて、一般的な指摘に移りますと、形成途上にあった国家によって、キリスト教の根本的な構造である分裂が近代に継承されることになりました。

プロテスタンティズムがもたらしたものに少しく立ち戻りましょう。これは、君主としての国家というものに至り着く道筋を摑むうえで非常に大切なものです。宗教改革は、西洋の制度システムの閂を外した。このシステムは、中世末期の教権による神権政治が内部に抱えた諸矛盾に挟まれて、まさしく身動きが取れなくなっていたのです。とはいえ、それによって表面上は構造が影響を被ったのだとしても、規則の空白というキリスト教に内在する根底が変化したわけではありません。聖書による支配を演出するという創意によって、プロテスタンティズムは、それ自体もまた制度をめぐる固有のイリュージョンを作り出しながら、表向きを取り繕うことになる。亀裂、分裂が埋められるだろう、キリスト教は己自身の規範的リソースによって生きてゆくだろう、いわばキリストをつうじたトーラーの複製となるだろう、といったイリュージョンがそこにあるのです。

今日では神学や教会法の言説は磨滅、あるいはおそらく難破してしまいましたから、この講演で論じたような過去へ立ち戻ることはむずかしくなっています。そこでわたしは恃むべき盟友である美学的思考に助けを求め、キリスト教の分裂が近代——いまや西洋から逃れ去りつつある近代——に継承されたということを目に見える形で示したいと思います。助けを求める先はマックス・エルンスト、かれの《第二の眼に見える詩》（図版二）というコラージュ作品です。[*9]

夜空を背景としながら、笑う神の顔が輝いています。一方、画面下部の地上では、優美な手が本の上に水平に置かれている。この本が西洋にとっての聖なる書物であることは状況から明らかです。つまり、キリスト教的な第三項が呼び出されると同時に揶揄されている。けれども、この冗談めかした神は、天上の空虚——「真っ暗な穴」——、かれ自身を規律の書物から切り離す空虚のうちから、いったい分裂について何をわたしたちに語っているのでしょうか。

解釈者としての自由を我が身に許しながら述べるなら、天体となった神を決疑論の世界から切り離している闇の空間にわたしが見るのは、キリスト教の制度的モンタージュにとっての正統性、不安定で絶えず再構築されねばならない正統性のありかたです。「真っ暗な穴」は、どこかしら、構造を構成するエレメントの分離を思わせる。三項をめぐるア

＊9　*Une semaine de bonté*, *op. cit.*, p. 313. 本書一三一頁註2を参照。

サンプラージュの極端なまでの可塑性、とはつまり、疑いもなくヨーロッパの天才性を支えてきた徹底的な順応性は、歴史的な現実として、根拠あるいは〈準拠〉と実効性の支配（今日で言えば、テクノサイエンス経済）の分離に由来しているのです。けれども、西洋文明が抽象的な君主としての国家という形態を、みずからのメンタリティの境界を越えて輸出するとなると、いったいそこで何が生じるのか。

ヨーロッパが発明した近代性に参入した他の文明は、それによって、分裂という構造的な特徴を受け容れることを余儀なくされます。この受け容れによって、構造を構成するエレメントの分離という論理的な帰結が、しかしまた同時に、可塑性、適応性、つまりは創造性といった帰結が生み出される。

このように、グローバル化に裨益する形で、未聞の近代性が、新たな紛争という状況のなかで、しかし表象の戦争というドグマ的論理に即しながら浮上しつつあります。「未聞の」というのは、そうした近代性が実効性というモード、つまり西洋を支えているモードで自身を展開する能力を持ちながら、しかし西洋とは別の〈準拠〉の名のもとにそれをおこなっているからです。こうした問題系を前にして、ヨーロッパ＝アメリカ流の実証主義はお手上げになってしまう。

これこそが、先ほど立てた問い、つまり普遍をめぐる西方キリスト教的なヴィジョンはその限界に達しつつあるのか、という問いへの答えです。限界はまさにそこ、さまざまな他者のうちで引き起こされた構造的な作用のなかにあります。西洋はもはやそうした作用の統御主体ではありません。かつてもそうでなかったのと同じように、そしてまた己のうち、つまり己自身の歴史的世界のうちでそうではなくなっているのと同じように。

講演を終えるにあたって、地底の人間、つまりわたしたち各々のうちにあって、知るまいとする意志を紡ぎ、けれどまた知っているのでもある何か、「真理を埋めようとして、いつもスコップ一杯の土が足りない」という噂が示している何かに向けて語ることをお許しください。

わたしたちの知的な営みには、ヴィクトル・ユゴーの言葉を借りるなら「淀んだ忘却」[*10]があります。わたしたちの文明はみずからをユダヤ＝キリスト教的であると同定していて、いくつかの点でローマ的でもあること、つまり本当は自分がユダヤ＝ローマ＝キリスト

＊10　以下を参照。Victor Hugo, *Les Misérables*, livre XV (« La rue de l'Homme-Armé »), Paris, Gallimard, 1951, p. 1175.

教的であることを忘れている。加えて、テクノサイエンス経済が、西洋の伝統に括りつけられながら、普遍的な非同一性なるものを目指して、諸文明をただひとつの文明――当然ながらわたしたちの文明――に改宗させようとしています。

何が普遍であるのでしょうか。

この問いかけが意味を持つようにするためには、今度は西洋をこそ民族学の対象とするのでなければなりません。わたしたちが他の解釈システム、他のひとびとの他の宗教に押しつけてきたのと同じ扱いを西洋に押しつけねばならない。こうした見地からするなら、普遍とは、表象の生の論理、また一連の命法――解釈し、因果性についてのヴィジョンを練り上げ、つまりは系譜的に組織された世界という語りを構築して再生産するという命法――の前にあって、人間と社会が平等であることを意味しています。

神話、宗教、創設シナリオは交換することができません。他人の代わりに夢を見たり考えたりすることは誰にもできないからです。だから、力づくによる強制によってというのでなければ、どんな文化にもあれ、己を消し去ってしまうことなどありえないのです。

訳者あとがき

What saves us is efficiency — the devotion to efficiency.
Joseph Conrad, *Heart of Darkness*.

本書は Pierre Legendre, *Le Point fixe. Nouvelles conférences*, Paris, Mille et une nuits, 2010 の全訳である。翻訳に際して、原註に加えて訳註を少し補い、それぞれを＊、†の記号で示した。

この本は、二〇〇九年におこなわれた三つの講演、ならびに全体の三分の一を占める長い「序」から成り立っている。各講演の相互関係は「序」で説かれており、解説としてはこれを参照するに如くはないはずだが、かなり圧縮された記述となっているので、かえって取りつきにくい面があるかもしれない。具体的な背景にも触れながら、いくらか補足を加えてみよう。

一連の講演のきっかけは、その少し前に著作『西洋のもうひとつの聖書』[†1]が刊行されたことである。ライフワークとなる『講義（Leçons）』シリーズの第九巻と位置づけられたこの大冊の狙いは、「ローマ＝教会法というモニュメント」と「社会のドグマ的建築についての考察」という二重の副題が巧まずして要約している。一方で、近代にまで流れ込む西洋の制度性を基礎づけた中世の一大転回、すなわちローマ法と教会法の結合──これこそが「もうひとつの聖書」にほかならない──を詳説すること。他方で、そのように明らかにされた西洋に固有の制度性をサンプルとしながら、人間と人間社会の構成を差配するドグマ性の論理を一般的な水準で考察すること。半世紀以上前に提出された博士論文の主題が中世における「教会法へのローマ法の浸透」であったことを考えるなら[†2]、この書物は、学問的形成を法制史に負ったルジャンドルが、やがてみずから鍛えた解釈格子──ドグマ人類学──を手に改めて出発地点を問い訪ねた成果なのであり、「自己との対話」の趣をも湛えたひとつの決算報告であると言ってよい。

さらにそのエッセンスを抽出した本書は、講演という形式も与っているだろう、過去と現在、特殊と普遍、あるいは歴史と人類学といった複数の極をかなり自由に行きつ戻りつしているけれども、およそのプランを以下のように描くことはできるはずだ。まずは歴史を遡ってキリスト教的な制度性の特異な組成を明るみに出し（第一講演）、また歴史を降ってこの組成が、いまなお（！）終わらぬ西洋の惑星支配に裨益した所以を浮き彫りにする（第三講演）。このふたつの作業が歴史の軸線上で結ばれるとすれば、そこに縦からの陰翳を与えるのが、そもそもこうした制度性が機能として何を担っているのかについて、人類学の観点から概括する作業である（第二講演）。

西洋キリスト教の制度性に固有の徴とは、本書でも繰り返し強調されるように、その根底に横たわる一個の「分裂（schize）」である。[†3] パウロ書翰が明確に示すごとく、「福音」が「よき知らせ（bonne nouvelle）」であるのは、突き詰めるなら、それによって律法の廃滅が告げられたがゆえなのであり、ユダヤ教の聖典を「旧約」と呼んで巧妙に略取したキリ

---

†1　Pierre Legendre, *L'Autre Bible de l'Occident : le Monument romano-canonique. Étude sur l'architecture dogmatique des sociétés*, Paris, Fayard, 2009.

†2　*Id., La Pénétration du droit romain dans le droit canonique classique de Gratien à Innocent IV (1140-1254)*, Paris, Imprimerie Jouve, 1964.

†3　この点については、別の場所でも略説した（『ルジャンドルとの対話』みすず書房、二〇一〇年、「訳者あとがき」）。記述の重複をお許し願いたい。

スト教は[†4]、けれどもモーセ五書（トーラー）のとりわけ律法に関する部分については、これを継承しなかった。「愛の宗教」として己を謳い上げるという選択は、法の次元を切り捨てるというもうひとつの選択をネガとして含んでおり、キリスト教は、この反法律主義（antijuridisme）によってこそ、ユダヤ教から区別された独自の体系として己を同定したのである[†5]。

言い換えれば、キリスト教とは本来的に規範を切り落とされた宗教であった。あるいはその内部には、信憑の領界（神学的秩序）と規範の領界（法的秩序）のあいだで構造的な「分裂」が存在していた。だが、やがて歴史の偶然によってローマ化されることになったこの宗教は、その偶然の内部における必然の結果、己のうちに欠落させられていた規範性の理念モデルをローマに求める。その現実化が、中世におけるローマ法と教会法の結合にほかならない。スコラ的な聖書解釈の技法をローマ法に応用し、忘却されていたこの遺産をキリスト教とも整合的である法の体系として呈示すること。翻ってまた、欠落していた規範性を補塡することで、キリスト教をいまや十全なものとなった「宗教」として呈示すること。ローマという「異教」的な伝統をキリスト教の教えの「予表」として呈示すること。翻ってまた、この教義を他者によってさえ裏書きされた、字義どおりに超歴史的な「真理」として呈示すること。このような多重効果を一挙にもたらした解釈営為は、よくよく考えれば驚くほかない離れ業である。だからこそ、標準的な法制史が「学識法の成立」と名づける右の一連のことがらを、ルジャンドルは敢えて「解釈者革命（Révolution de l'interprète）」と呼び直すのでもある。†6

この革命が一義的にもたらしたのは、言うまでもなく先に触れた「分裂」の解消であり、つまりは神学の次元と法の次元の縫合である。だが、そこにはもうひとつの逆説的な効果がともなってもいる。というのも、両者の縫合が首尾よく果たされたという事実が暗に示すのは、問題の分裂が制度にとって致命的な欠陥であるわけでは必ずしもない、ということにほかならないのだから。縫われたものはいつか再び解けるかもしれないが、そのこと

---

†4　この問題について、とくに以下を参照。Pierre Geoltrain, « Le vol des ancêtres, ou comment procéder à une captation d'héritage », *Annuaire de l'École Pratique des Hautes Études. Sciences religieuses*, t. CIV (1996), p. 17-32.

†5　とくに以下を参照。Anton Schütz, « "Legal Critique" : Elements for a Genealogy », *Law and Critique*, Vol. XVI (2005), p. 71-93.

†6　とくに以下を参照。Pierre Legendre, *Le Désir politique de Dieu. Étude sur les montages de l'État et du Droit*, Paris, Fayard, 1988 [nouvelle édition : 2005].

は、いま解けてあるものがいつでも縫い直され得るという可能性を担保してもいる。そしてまた歴史上において教会がローマ的な伝統と己を縫合したという事実が告げるのは、この縫合物の構成が可変的であること、いっそうはっきり言えば、そのパーツは何であってもよいということだ。なるほど教権が帝権を模倣したのだとして、この模倣はあくまで模倣に留まるのであって、模倣された帝権は、それ自体としては偶有的な条件下に選び取られたひとつの方便に過ぎなかったのだから。

ローマ的な伝統との結合をつうじてキリスト教世界が見出したもの、一般化するならそれは、規範秩序が純粋に中性的なもの、つまり技術性へ還元し得るものである、ということだ。逆に言えば、キリスト教が導き入れた規範性は、キリスト教的な神学的秩序と排他的に結びつくわけではなく、輸出されて外部世界の神学的秩序とも接合し得る応変的な道具へと変容することになった。今日の地球が国家という構成物によって隈なく分割されているという現実はその長期的な帰結である、と同時に、世界の西洋化という現象が顕在した暴力支配というに留まらず、むしろ潜在する組成変容のプロセスとして進行してきたことの明らかな徴なのだ。

だとすればさらに、制度としての国家が今日ようやく形骸と成り果てる兆しを示しつつあるとしても、それは、世界が西洋によって仕立てられた衣装を脱ぎ捨てることを直ちに意味するのではない、ということでもある。「市場」として受肉された「効率性（efficiency）」の支配とともに無差異、あるいはどうでもよさ（indifférence）の全面化が招来されるのだとして、技術性による中立化という動因に鑑みるなら、その過程もまた新たに上書きされた西洋化、おそらくはその最終的な完遂であると考えることができるのだから。世界の現状の呼び名として「世界化」が受け容れられているという事実は、現状の世界が、西洋の編み上げた無色透明の衣に——みずからそれと意識することさえないほど——深く包《くる》まれてあることを期せずして告げているのである。

規範性が技術化され、技術化されたこの規範性は、惑星の隅々にまで拡散して、それを把捉しようとする試みをことごとく上滑りさせんばかりに希薄化されようとしている。ルジャンドルがこうした趨勢に深く批判的な眼差しを注いでいることはまちがいない。だが、その眼差しが見据えているものをもう少しよく見極めてみよう。なるほど、効率性の一元化へのとめどない滑落は懸念すべき倒錯であるにちがいない。だが、この倒錯もまた、それが倒錯としてあるかぎりにおいて、規範性の論理がなお作動し、またその作動がなお求められてあることの陰画的な表現なのではある。たとえば広告がその最底辺においてさえ制度的な典礼の後裔でありつづけるように[†7]（本書一三一頁）、効率化の専横も暴力の猖獗も、最悪の形においてであるにせよ、やはり規範性という要請を裏書きしていることを、ルジャンドルは明確に指摘する（本書二二、一三五頁など）。為されるべきはだから、詠嘆に憩うことへの誘惑を斥けながら、効率性の思考をその本来の位置にまで引き戻すこと、つまり、それが（ときに信じられるように）人間に課せられた制約的な条件を解消するものでは些かもなくて、ただ、この条件をめぐる極端なほどに単純化された、言説上の一変種でしかないことをたゆまず確認してゆく作業にほかなるまい。

ルジャンドルが見方によっては不思議なほどの執拗さで規範性を論じつづけるのも、そうした作業のための足がかりを確保する努力として理解することができるはずだ。そもそも「規範（norme）」とは何のことなのか。それが語源において意味するのは「定規」あるいは「物差し」である（本書一二六頁）。たとえば広げた布地から寸法を採り、その寸法に即して折り目を重ねながらひとつの形を仕立てるために、そのつど物差しをあてがってゆくこと。敷衍しながら言えば、それは、技倆を介した織り上げの始まりを画し、そのための尺度を定める身振りである。同じように、人間が固有の組成をともなって造形されゆくために必要な規矩を規範と呼ぶのだとすれば、それは好悪による受諾と拒絶の手前で、むしろそうした当の選択がそこから発してようやく可能となる、文字どおりに初期的な設定としてあるはずだ。ルジャンドルがその作動の次元を指し示すうえで端的に「構造(structure)」という言葉を用いるのは理由のないことではない。

この構造の次元において、それでは人間がどのように構築されるのかという具体的なメカニズムについて、ここで著者の記述を細かく辿り直す必要はあるまいと思う。ファンタスムの論理が差配する信憑の領界と、現実原則が支配する規範の領界、そして両者の代謝的な関係を保証する第三項から成るアンサンブルについては、本書をつうじて、さまざまなヴァリエーションをともないながら再三にわたって論じられている。ただ一点、そうした構築が一方で「ドグマ的」と形容されつつ、他方では「解釈」という営為をパラダイムとしていることの意味について触れておこう。少なくとも現行の慣用で「教条」をも意味する前者は、一見したところ、解釈という営みとは真逆の位置を占めるように思われる。その構造的な位置機能が、因果性の論理に対するストッパーのそれとして定義されている

†7　逆に言えば、制度的な典礼は広告に似た何かにほかならないのでもある。この問題についてはとくに以下を参照。Pierre Legendre, ***Paroles poétiques échappées du texte. Leçons sur la communication industrielle***, Paris, Seuil, 1982.

のを見れば（本書八三 - 八四頁）、ことはなおさらでもあろう。だが、理路の総体と照らし合わせるなら、ここで阻まれるべき遡行として考えられているのは、原因を問うこと（「なぜ？」）ではなく、まさしくその逆、説明を与え尽くして、「なぜ？」を充足した答えのうちに封殺しつづけようとする傾きのことであるのは明白だ。だとすれば翻って、ここで問題となる「解釈」についてもまた、答えを定めることを目指した営為というよりはるかに、問いの連鎖を紡ぎつづける営みとしてそれを考えるのでなければなるまい。本書の随所で、とりわけ第二講演がタルムードにも想を得ながら明言するように、話す動物である人間とは畢竟、問いかける動物なのであり、その対面にあって「ドグマ」とは、問いかけを跳ね返してその無窮の反響を呼び起こす、黙せる言葉の壁のことなのである。

＊

ふと思えば、人間について問うことは、いつのまにか、わたくしたちの現在から離れゆきつつあるかのようだ。その仄暗さ、毀れやすさ、輪郭の不確かさに触れながら、人間の組成を考えること。それが営みとして消滅したとはまさか言わないが、そうした問いかけの声を聴き取るのはむずかしい、というそのことを分かち持つことが決してやさしくない。ルジャンドルの語りは本人も認めるように反復が多く、話柄はときに困惑させるほど大ぶりであるが、声音ということを言えば、それはむしろ低い呟きであり、だからこそまた繰り返されなければ届きにくいものが含まれている。逆に、繰り返して耳を傾けるなら、そこに潜んだ繊細な音色が気づかれることもやがてあるだろう。いかにも薄いこの本が、折々に開かれる本になればと願っている。

訳註でも触れたがタイトルについて一言。原題の「Le Point fixe」は少しく特殊な表現で、そのまま日本語に移せば「固定点」となり、実際、数学や統計などの分野ではそうした意味で用いられている。だが、ルジャンドルの念頭には航空用語としての使用があって、そうなるとこの言葉は「ランナップ・テスト」という操作、すなわち飛行機の離陸直前、機体を停止させておこなわれる最終的な機能チェックの謂となる。とはいえ、機体を停めているのだから、字面が示す意味とまるで無縁になるわけではない。決定的な閾の手前での張力に満ちた静止状態といったものを思い浮かべることもやはり必要だろう。急かされて飛び立ち、飛んでいると信じながら落ちゆく前に、せめて疑いとともに立ち止まってみる――本来は、そうしたありうべき思考の猶予を告げたタイトルであることを、意味を曲げて別の言葉に頼った者の負い目とともに付記しておく。

本作りを手がけてくださったのは宮田仁氏である。前回の訳書『西洋が西洋について見ないでいること』以来、折々に励ましを頂いている社主の勝股光政氏とともに、ひたすら遅れるばかりの作業を辛抱強く導いてくださった。心からお礼を申し上げる。

森元庸介

二〇一二年一月

著者
ピエール・ルジャンドル（Pierre Legendre）
1930年，ノルマンディー生まれ．法制史家・精神分析家．1957年パリ大学法学部で博士号を取得．民間企業，ついで国連の派遣職員としてアフリカ諸国で活動したのち，リール大学，パリ第10大学を経て，パリ第一大学教授と高等研究実習院研究主任を96年まで兼任．分析家としてはラカン派に属し，同派の解散以降はフリーランスとなる．中世法ならびにフランス近代行政史についての多数の研究を発表したのち，とくに70年代以降，主体形成と規範性の関係を問いながら，西洋的制度世界の特異性と産業社会におけるその帰結を考察する作業をつづけている．
既訳書に『ロルティ伍長の犯罪』（西谷修訳，人文書院，1998年），『ドグマ人類学総説』（西谷修監訳，平凡社，2003年），『西洋が西洋について見ないでいること』(森元庸介訳，以文社，2004年)，『真理の帝国』（西谷修・橋本一径訳，人文書院，2006年），『ルジャンドルとの対話』（森元庸介訳，みすず書房，2010年）．

訳者
森元庸介（もりもと　ようすけ）
1976年，大阪府生まれ．東京大学大学院総合文化研究科地域文化研究専攻博士課程単位取得退学．パリ西大学博士（人文学）．東京大学大学院教務補佐員．
著書に *La Légalité de l'art. La question du théâtre au miroir de la casuistique* (Fayard, à paraître)．訳書にジョルジュ・ディディ=ユベルマン『ヴィーナスを開く』（宮下志朗と共訳，白水社，2002年），『ニンファ・モデルナ』（平凡社，近刊），ジャン=クロード・レーベンシュテイン『猫の音楽』（勁草書房，近刊）．

西洋をエンジン・テストする
——キリスト教的制度空間とその分裂

2012年3月25日　第1刷発行

著　者　ピエール・ルジャンドル

訳　者　森元庸介

発行者　勝股光政

発行所　以　文　社
〒101-0051 東京都千代田区神田神保町2-7
TEL 03-6272-6536　　FAX 03-6272-6538
印刷・製本：シナノ書籍印刷

ISBN978-4-7531-0299-0

〈テロル〉との戦争──9・11以後の世界

「テロとの戦争」は恐怖を誘発するのみならず，社会を不断の臨戦態勢・非常事態に陥れることであり，グローバル経済秩序の世界を潜在的植民地化しようとする世界戦略である．

西谷修著　　四六判272頁　定価:2520円

21世紀の戦争──「世界化」の憂鬱な顔

コソボに始まりイラクにいたる〈戦争〉の地政学的変化の主体は産業や金融グループの複合企業体であり，この資本と権力の集中はいま加速され世界の全般的危機を招いている．

イグナシオ・ラモネ著　井上輝夫訳　　四六判272頁　定価:2730円

民主主義の逆説

ロールズ，ハバーマス，ギデンズなどの「合意形成」の政治学を批判的に検討し，シュミット，ヴィトゲンシュタインの哲学による自由と平等の根源的逆説を超える〈抗争の政治〉．

シャンタル・ムフ著　葛西弘隆訳　　四六判232頁　定価：2625円

生のあやうさ──哀悼と暴力の政治学

自己充足する今日の世界のなかでむき出しにされた〈生〉．喪，傷つきやすさ，他者への応答責任，〈顔〉など，ジェンダー論の成果をふまえたポストモダン社会の生の条件を示す．

ジュディス・バトラー著　本橋哲也訳　　四六判272頁　定価:2625円

アナーキスト人類学のための断章

アナーキズムそして人類学の実践が明らかにするのは，近代以前の「未開社会」と呼ばれていた世界がより高度な社会的〈プロジェクト〉で構成されているという壮大な事実である．

デヴィッド・グレーバー著　高祖岩三郎訳　　四六判200頁　定価:2310円

西洋が西洋について見ないでいること──法・言語・イメージ

西洋は何を根拠に成り立ち，自らを世界化してきたのか？　法・言語・イメージなど言葉を話す生き物＝人間の生きる論理を明らかにしながら，世界化の隠された母型の解明に迫る．

ピエール・ルジャンドル著　森元庸介訳　　四六判184頁　定価:2415円

魯迅と毛沢東──中国革命とモダニティ

経済的発展と社会的諸矛盾が同居する中国で熱烈に読み直されている二人の思想と実践を軸に革命から改革開放への歴史を辿り，中国独自の近代化の意味と知識人の役割を問う．

丸川哲史著　　四六判320頁　定価:2940円

民主主義は，いま？──不可能な問いへの8つの思想的介入

G・アガンベン／A・バディウ／ダニエル・ベンサイード／ウェンディ・ブラウン／ジャン＝リュック・ナンシー／ジャック・ランシエール／クリスティン・ロス／S・ジジェク著

河村一郎・澤里岳史・河合孝昭・太田悠介・平田周訳　　四六判232頁　定価:2625円

功利的理性批判──民主主義・贈与・共同体

〈利益〉中心の経済的モデルに異を唱える社会科学者が〈贈与論〉のモースの名の下に結集し，科学と政治の新たな可能性を切りひらいた．その革新運動の主幹による画期的宣言書．

アラン・カイエ著　藤岡俊博訳　　四六判272頁　定価:2940円